52 tartines du dimanche soir

Ouvrage réalisé avec la collaboration de SYLVIE DÉSORMIÈRE
Illustrations de François LACHÈZE
Photographies de Philippe EXBRAYAT

Conception graphique et réalisation : Rampazzo & Associés

ISBN : 2-8307-0493-2

Jean-Luc Petitrenaud

52 tartines du dimanche soir

PAR LES PLUS GRANDS CHEFS DE FRANCE

minerva

France inter

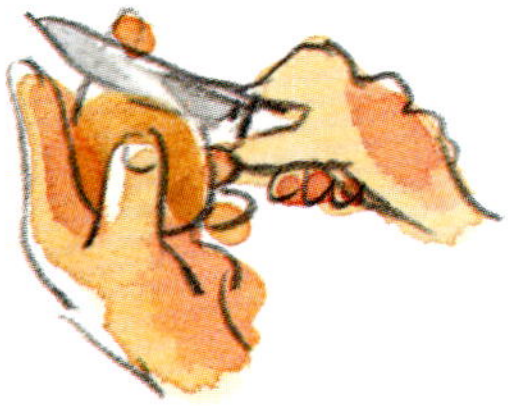

• Sommaire •

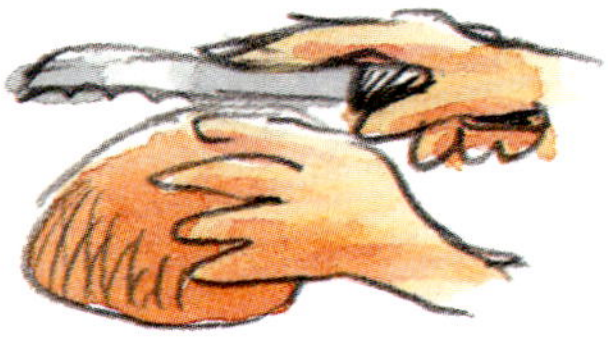

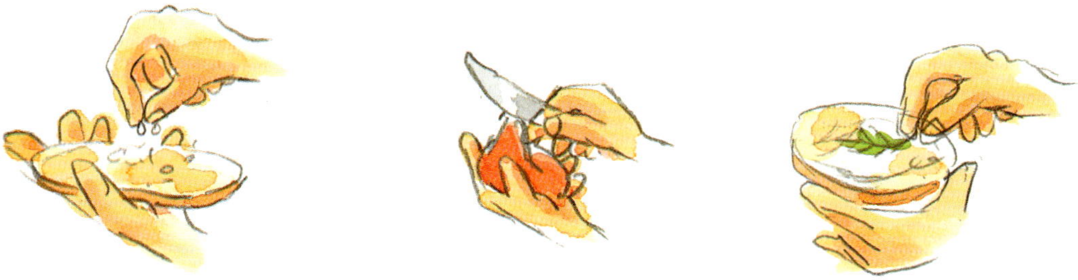

• Préface •

Après le déjeuner dominical où le gigot-flageolets et le poulet aux citrons confits ont régalé le palais de la famille, il faut se résoudre à songer au lundi : jour sérieux, qui, avec son costume trois-pièces, agace celui qui voulait rêvasser plus longtemps. Que se passe-t-il donc pour qu'à l'heure du thé et des madeleines, le moral du jouisseur s'affaisse ? Et qu'à ce moment-là, les petites phrases sinistres pleuvent : « Tu as fini tes devoirs ? », « Tu as ciré tes chaussures pour demain ? », « Ton avion est à quelle heure ? »... L'ambiance se désagrège, les amis, pris subitement de sinistrose aiguë, quittent le banquet... « Il est temps de rentrer. »

STOP ! Arrière-propos maussades, je brandis la spatule pour faire reculer ce petit air de déprime, je casse les œufs dans le saladier, je fais revenir le cochon à la poêle pour cuire au four un clafoutis au lard qui devient subitement « le remontant » de Petitrenaud, la vitamine C du dimanche soir, le pied de nez à la semaine toute neuve.

J'ai consulté le ministère de la Défense pour expliquer cette lutte que je compte mener contre cette morosité qui englue le dimanche soir. Le ministre en personne m'a envoyé 52 de ses meilleurs soldats. Le GIGN de la fourchette s'est mobilisé pour contre-attaquer.

Voici, posées sur un plateau, 52 tartines pour 52 dimanches soirs, 52 bouquets colorés couchés sur pain toasté.
52 grands chefs français se sont mis à fouiller au fond du garde-manger de leur région pour en extraire les plus jolis produits. L'imagination est le premier ingrédient de chaque tartine. Pour ce propos, le cuisinier doit réfléchir face à une belle tranche de pain de campagne, un point c'est tout. Il ne peut s'échapper, son imagination est retenue par les limites de la croûte du pain, sinon il tombe à l'eau. Alors, croquez, régalez-vous, tout ce que contiennent ces petites embarcations est pour le plaisir de votre bec. Chaque tartine est comme une bouteille jetée à la mer, elle vous requinque, elle redonne un coup de jeune à votre dimanche. Guérard, Savoy, Bocuse, Maximin sont comme les éléments d'un puzzle gourmand. On feuillette leurs recettes comme un agenda, à chaque dimanche sa tartine. Amusez-vous, picorez ici ou là, passez de la trentième à la deuxième, chacun trouve son remontant là où il veut. Ce chemin de piste original mène, quoi qu'il arrive, au plaisir simple et vrai. Il semble comme échappé du cœur de nos plus grandes toques blanches. Dimanche soir, on fait la fête !

Jean-Luc Petitrenaud

Les petites tartines grillées au foie de canard, fleur de sel et poivre

d'Antoine Westermann

Buerehiesel
Parc de l'Orangerie
67000 Strasbourg

Ingrédients

une baguette
un morceau de foie de canard 1er choix (50 à 60 g par personne)
1 roquette
1 betterave rouge coupée en lamelles
1 fond d'artichaut tranché finement
fleur de sel, poivre du moulin

L'artisan boulanger recommandé

Boulangerie Dorffer
7, rue Raymond-Poincaré
67240 Bischwiller
Tél : 03 88 63 24 45

- Prendre une baguette, la couper en biais en plusieurs rondelles.

- Faire dorer ces dernières des deux côtés au gril.

- Disposer sur chacune d'entre elles un morceau de foie de canard et cuire doucement au four pendant environ 5 minutes.

- Égoutter sur un essuie-tout puis assaisonner ces mini-tartines avec de la fleur de sel et des grains de poivre concassés.

- Cette tartine s'accompagne d'une salade de roquette à la betterave rouge et au fond d'artichaut.

Avec une telle tartine, on devine Antoine Westermann en tenue de plâtrier peintre. On imagine aisément ce grand chef aux contours encore teintés d'adolescence habillé d'une salopette blanche et coiffé d'une casquette immaculée, à cheval sur une échelle pour croquer dans sa tartine au foie de canard. « Une belle baguette coupée en biais », le pain croustille, insolent de fraîcheur et le voilà couvert de foie de canard avant l'épreuve du bronzage sous la salamandre. Un peu de sel qui croque, un peu de poivre et le tour est joué. C'est la tartine du p'tit gars qui peint et qui fredonne comme une mésange, une salade de roquette, de betterave et d'artichaut l'attend à l'autre bout du chantier comme une amoureuse aux lèvres trop maquillées.

Tartine chaude de pied de cochon

de Louis Grondard

Restaurant Drouant
Place Gaillon
75002 Paris

Ingrédients

2 tranches de pain de campagne d'1 cm d'épaisseur
1 pied de cochon cuit
1/2 gros oignon
50 g de champignons de Paris
1/2 cuillère à soupe de moutarde forte
1/2 cuillère de persil plat concassé
sel, poivre du moulin

L'artisan boulanger recommandé

Boulangerie Poilâne
8, rue du Cherche-Midi
75006 Paris
Tél : 01 45 44 81 48

• Désosser le pied de cochon, le couper en petits dés. Émincer l'oignon. Tailler les champignons en julienne.

• Dans 2 poêles, faire revenir séparément à l'huile et au beurre, les champignons et les oignons. Quand ils sont bien dorés, les réunir dans la même poêle.

• Égoutter le gras de cuisson et remettre le mélange dans la poêle. Ajouter le pied de cochon.

• Faire chauffer à feu vif, ajouter le persil et, hors du feu, lier avec la moutarde. Vérifier l'assaisonnement.

• Répartir sur les tranches de pain de campagne grillées et servir aussitôt.

« Si tu es sage demain à la place du cours de gym, je viendrai te chercher pour un petit casse-croûte. » Ce message aurait pu être laissé par la grand-mère de Louis Grondard, originaire de Limoges. La tartine chaude de pied de cochon est une ouverture sur la matinée canaille, elle est comme une provocation au nez et à la barbe du boulot. « Eh les gars, laissez causer le prof, suivez-moi, on va chez ma grand-mère. » La bonne dame vêtue de noir fait revenir les champignons et les oignons qui serviront tout à l'heure de matelas aux petits pieds. La moutarde est là pour chatouiller les moustaches des enfants pas sages. Tout ce petit monde papote avant de rejoindre le pain toasté. « Allez-y mes petits, croquez sous le regard envieux du grand méchant loup et surtout n'ouvrez la porte à personne ! »

La frotte à l'ail et au lard épais

de Roland Mazère

Le Centenaire
Rocher de la Penne
24620 Les Eyzies-de-Tayac

Ingrédients

pain long
1 gousse d'ail
lard salé épais
sel fin

• Prendre l'extrémité d'un pain long, appelé plus communément le quignon. Le frotter généreusement sur la croûte avec une gousse d'ail et saupoudrer de sel fin.
Au couteau, racler des copeaux de lard épais et « beurrer » toute la croûte de la tartine.

• Avec un coup de rouge, c'est divin au casse-croûte...

• On peut utiliser un pain au levain au maïs composé de farine normale et de farine de maïs torréfiée. Rajouter alors du confit effiloché et des grains de maïs en conserve.

L'artisan boulanger recommandé

La Boulangerie Lavesque
Le Bourg
24220 Meyrals
Tél : 05 53 29 24 08

• « Dans le Périgord, elle se mange le plus souvent le matin au casse-croûte.
Je me souviens, dans mon enfance, nous mangions la frotte à l'ail à la collation, en rentrant de l'école, car, dans toutes les maisons, il y avait un morceau de lard salé, bien épais, qui servait à différentes préparations et qui provenait de la "tue cochon". »

Il y eut autrefois l'histoire du berger de roquefort qui abandonna son quignon de pain et son morceau de lait caillé pour courir derrière la bergère. À son retour la moisissure avait fait son apparition et le roquefort était né de cet oubli ou de cette romance d'amour, comme vous voudrez. Avec « sa frotte à l'ail », Roland Mazère est notre berger du jour. Imaginez-vous au fond d'une cuisine fraîche et sombre un jour de moisson. Dehors, on bat le blé, on rentre les bottes et vas-y que je te frotte cet embout de pain avec la gousse d'ail jusqu'à rendre la mie sèche, ivre de bonheur. Le pain ainsi parfumé est coiffé de copeaux de lard épais. Les lichettes de la carcasse du cochon ressemblent à des boucles blondes sur la tête d'une jolie gosse. Si tu as peur du vent ou de ton voisin, tu peux écraser les copeaux de lard avec le plat de ton couteau. Attaque ensuite ce trophée avec une bouche large et sans retenue. Trois mouvements de mâchoire et le bec se transforme en salle de répétition d'un conservatoire de musique. Ça couac, ça sonne, ça chante, et toi, les yeux fermés pour ne rien laisser échapper de cette symphonie, tu cherches à tâtons ton verre de vin rouge qui, tel un chef d'orchestre, viendra mettre de l'ordre là-dedans avant la grande descente vers le plaisir. On toque à la fenêtre, un fermier coiffé d'un chapeau de paille voudrait être remplacé sur la moissonneuse. Avant de quitter la cuisine, tu rafles ta tartine et tu fais cul sec avec le verre de rouge, car un amateur de « frotte à l'ail » ne laisse aucun indice sur un lieu de casse-croûte, c'est comme ça depuis toujours.

Tartine de pain bis en casse-croûte à l'andouille de viande du haut-pays corrézien

d'Henri Faugeron

Faugeron
52, rue de Longchamp
75116 Paris

Ingrédients

pain bis
andouille de viande
pommes de terre
beurre
fines herbes (persil, ciboulette, cerfeuil, estragon)
échalotes
cornichons
huile, vinaigre, moutarde
sel, poivre du moulin

• « La tourte de pain bis est une tradition corrézienne et limousine (bis se rapporte à la couleur – grise – issue de la farine de seigle qui entre dans la composition de ce pain). Le pain Poilâne est parfait pour remplacer le pain bis. »

L'artisan boulanger recommandé

Boulangerie Poilâne
8, rue du Cherche-Midi
75006 Paris
Tél : 01 45 44 81 48

• Faire cuire environ 15 minutes des pommes de terre en robe des champs (avec leur peau dans de l'eau bouillante salée) pour en faire une salade.

• Les tartines sont à peine beurrées sur une face et légèrement toastées au gril.

• Disposer sur la tartine une fine couche de salade de pommes de terre assaisonnée d'une vinaigrette moutardée avec des fines herbes et des échalotes ciselées.

• Ajouter une fine julienne de cornichons et pour terminer, recouvrir avec des tranches d'andouille de viande.

• Remettre quelques instants au gril pour tiédir et ajouter au moment de déguster un soupçon de sauce vinaigrette moutardée aux fines herbes sur chaque tranche d'andouille.

• « L'unique vin rouge de la Basse-Corrèze est le vignoble des Mille et une pierres, cuvée spécialement vieillie en fût de chêne (cave viticole de Branceilles). »

Rien que le titre de cette tartine a un petit goût de vacances d'autrefois. On s'imagine parti à l'aube, les gosses en culottes courtes, les jumelles sur la lunette arrière de la 203 Peugeot. À l'heure du déjeuner, on s'arrête entre deux platanes sur la Nationale qui mène jusqu'à la maison de famille en Corrèze. Là, maman ouvre le panier pendant que papa houspille les braises. Chacun tient au bout d'une branche de noisetier, une tranche de pain comme ça, piquée au cœur de la mie. Chacun balade sa tartine au-dessus des flammes. Un peu de beurre sur la mie chaude et on dispose la salade de pommes de terre que maman a fait hier soir pendant que les gosses dormaient. Ensuite, papa tranche l'andouille de viande avec son couteau de poche. Chacun organise sa palette dans le creux de sa main. Parfois, une rondelle s'échappe de la tartine et finit dans la luzerne. « C'est pas grave, l'herbe c'est pas sale, remets-la sur ton pain. » Le vin est à température du puits. Il n'y a aucun nuage dans le ciel.

Sandwich pour l'Auvergnat

de Gérard Boyer

Les Crayères
64, boulevard Henry-Vasnier
51100 Reims

Ingrédients

2 petits pains au levain
2 tranches de lard paysan très légèrement fumé
2 petites pommes de terre cuites
1/2 cuillère à soupe de mayonnaise
1/2 cuillère à café de crème liquide
2 oignons blancs nouveaux
2 brins de persil plat

- Détendre une mayonnaise avec la crème.
- Éplucher et couper les pommes de terre cuites en rondelles. Les assaisonner à la mayonnaise.
- Émincer les oignons. Hacher grossièrement le persil.

- Déposer les rondelles de pommes de terre et d'oignons sur la base de 2 petits pains.
- Saupoudrer de persil. Recouvrir d'une tranche de lard paysan.
- Reformer les pains avec la partie supérieure du petit pain.

L'artisan boulanger recommandé

Boulangerie Waïda et Fils
5, place Drouet d'Erlon
51100 Reims
Tél : 03 26 47 44 49

Toi l'Auvergnat qui sans façon a sorti de ton four ces petits pains au levain, le grand Georges te remercie. Moustache gourmande, l'estomac creux, le poète ne se nourrit pas que de mots. Entre les cordes de sa guitare, il a tourné cette mayonnaise légère avec le même aplomb qu'une ritournelle bien léchée. Les pommes de terre et la mayonnaise ont toujours été des amis d'enfance, inséparables. Au cœur du petit pain, on a glissé, cachés comme un secret, des oignons et du persil pour mieux faire valser la becquée. Et puis, et puis enfin, le lard paysan et l'ami Brassens vont bien ensemble. Le caviar et le homard sont exclus naturellement de cette chanson. Elle est à toi cette bouchée, toi l'Auvergnat qui sans façon a poussé le tassou de Chanturgue quand dans sa vie il faisait soif.

Tartine d'œufs brouillés au chorizo

de Guy Legay

Restaurant L'Espadon, Hôtel Ritz
15, place Vendôme
75001 Paris

Ingrédients

2 grandes tranches de pain de campagne
10 fines tranches de chorizo
4 tranches fines de gruyère
2 œufs frais
1/2 cuillère à soupe de crème fraîche
1/2 noix de beurre
1/2 filet d'huile d'olive
sel, poivre du moulin

- Préparer les œufs brouillés dans un petit poêlon : les casser, les assaisonner, les battre et les verser dans une sauteuse beurrée. Chauffer doucement en remuant avec une spatule en bois jusqu'à l'obtention d'une consistance crémeuse.

- Hors du feu, ajouter la crème pour les rendre plus onctueux et assaisonner avec sel et poivre.

- Toaster les tranches de pain nappées d'un filet d'huile d'olive.

- Étaler les tranches de chorizo sur chaque toast.

- Les surmonter d'œufs brouillés et les recouvrir de tranches de gruyère.

- Les faire fondre légèrement sous le gril du four.

- Servir avec quelques feuilles de salade.

Raffinement et rusticité sont les deux premiers ingrédients de cette tartine. Les œufs brouillés représentent l'élégance, le chorizo est comme un clin d'œil amical. Je la verrais servie au début de l'automne, dans le jardin, au moment où le soleil range ses outils dans la cabane de l'été. Un pull-over de coton jeté sur les épaules, une dernière récréation pour le pantalon de lin, et on croque allègrement dans le pain. Croustillant et moelleux font bon ménage. Les parfums sont colorés. L'enthousiasme doit être de rigueur comme à l'époque des vendanges, à l'instant où l'on ouvre le bec sous le pressoir pour récolter à pleine bouche le premier jus de la treille.

Tartine de seigle aux rillettes de Tours et huîtres de Marennes

de Pascal Bouvier

Le Choiseul
36, quai Charles-Guinot
37400 Amboise

Ingrédients

pain de seigle
rillettes de Tours
huîtres de Marennes
oignons grelots
farine

- Trancher et toaster le pain de seigle.

- Tartiner de rillettes, poser une huître et quelques rouelles d'oignons grelots retournés dans un peu de farine et frits.

- « À déguster sans faim à 10 heures avec un verre de Montlouis sec. »

L'artisan boulanger recommandé

Jean David
rue Entrepont
37400 Amboise
Tél : 02 47 23 25 69

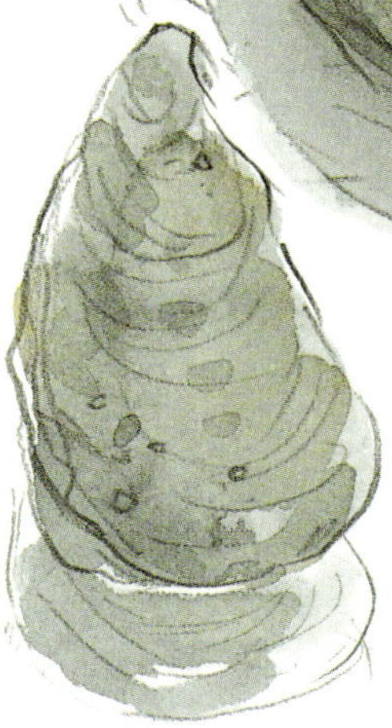

Sur les bords de Loire, il existe une langueur indescriptible, proche de la convalescence. Le fleuve, fort de ses images, des vignobles accrochés à ses rives, de cette terre que l'on nomme si bien le jardin de la France, coule des jours heureux jusqu'à la mer. C'est là-bas, bien après Nantes, qu'il mettra du sel dans son eau pour rendre compte à l'Océan de son voyage depuis le mont Gerbier-de-Jonc. Cette tartine est comme un diaporama qui raconte la beauté du garde-manger ouvert sur ce fleuve. Pain de seigle, rillettes de Tours, oignons, farine, huîtres, la main de l'homme est partout, c'est elle qui porte jusqu'à la bouche le récit complet de ce si beau voyage.

Petit sandwich au beurre de sardine et caviar

de Marc Meneau

L'Espérance
20, Grande Rue
89450 Saint-Père-sous-Vézelay

Ingrédients

petit pain long (7 cm) bien frais et croustillant, fendu en 2
30 g de beurre battu
3 sardines
jus de citron
2 poireaux
consommé de volaille
caviar
huile
sel, poivre du moulin
film plastique

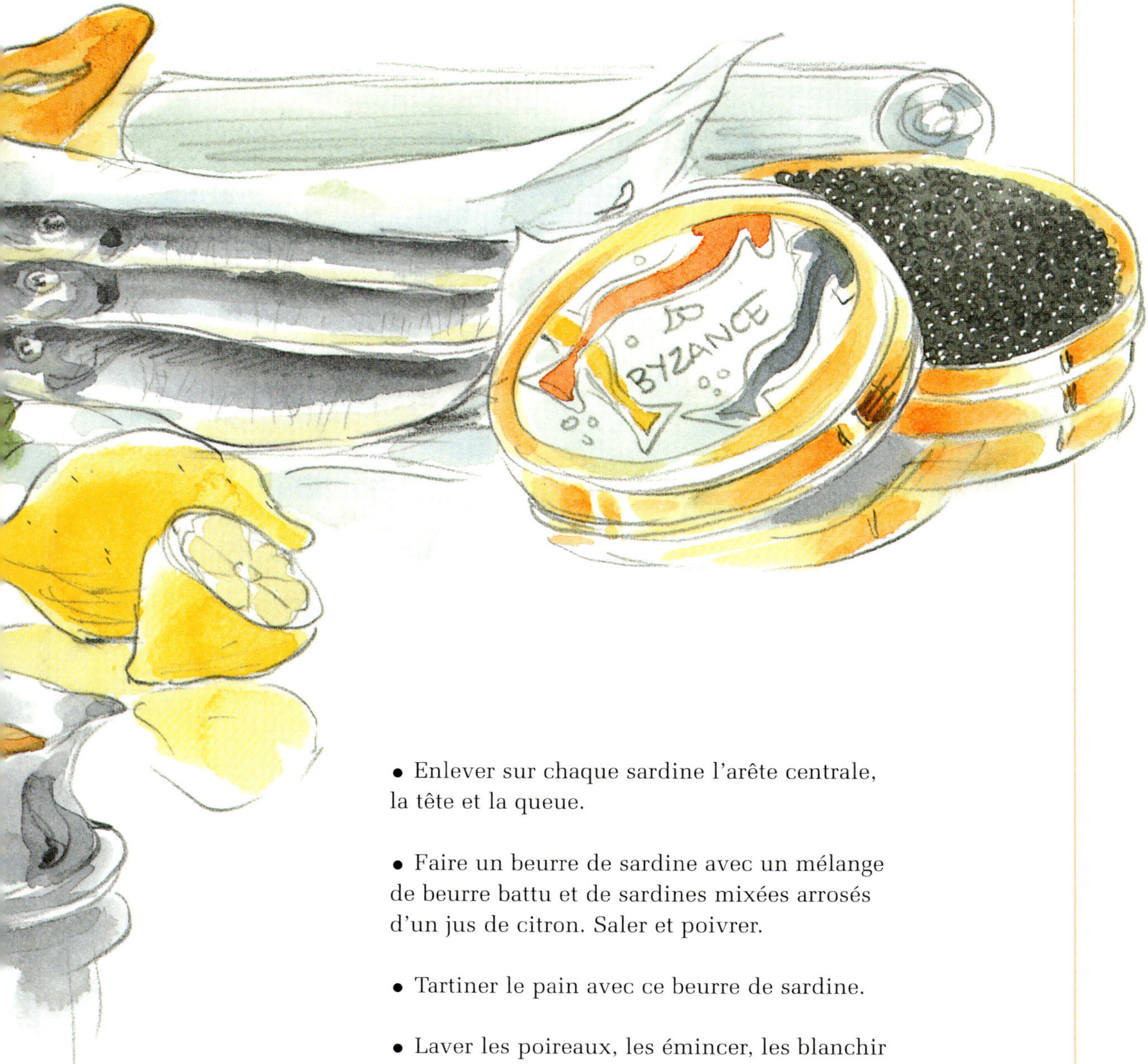

• Enlever sur chaque sardine l'arête centrale, la tête et la queue.

• Faire un beurre de sardine avec un mélange de beurre battu et de sardines mixées arrosés d'un jus de citron. Saler et poivrer.

• Tartiner le pain avec ce beurre de sardine.

• Laver les poireaux, les émincer, les blanchir à l'eau bouillante salée et les confire une demi-heure dans un consommé de volaille.

• Les étaler sur la tartine de beurre de sardine.

• Faire un caviar pressé en abaissant du caviar pressé entre 2 feuilles de film plastique huilé et étaler au rouleau à pâtisserie. Poser sur la tartine de beurre de sardine et poireaux, un rectangle de ce caviar pressé.

• Recouvrir enfin de l'autre face du pain tartinée de beurre de sardine.

« Allons à Messine pêcher la sardine » et rapportons-la au pied de la splendide abbaye de Vézelay, là où Marc Meneau fait rugir ses casseroles. À croire que la gourmandise va de paire avec la religion. Regardez les moines avec leurs chartreuse, liqueurs, pâtes de fruits. Regardez Monsieur le Curé qui attend avec impatience la Saint-Cochon afin de célébrer le boudin et les grillades. Cette tartine, à peine les ingrédients couchés sur le papier, un bon saint est venu en bénir la création sans aucun doute. Marc Meneau a toujours le nez rivé au ciel. Ce cuisinier magique expédié sur terre par le Bon Dieu a dû suivre Jésus marchant sur les flots, lui suivant, un panier accroché au bras et capturant ainsi dans son sillage trois sardines et quelques grains de caviar. À peine revenu sur la rive, il claqua des doigts et fit apparaître un petit pain, puis deux, puis trois, un peu comme Jésus l'avait déjà fait. Il s'assit au bord de l'eau et à l'abri des regards, y étala devant lui, tels les éléments d'un puzzle, les composantes de son panier. Cela donna ce petit sandwich au beurre de sardine et caviar. Certains témoins de la scène déclarèrent à la presse qu'il avait créé cette œuvre pour palais d'un seul jet. Quel talent ! Ce petit trésor de raffinement et d'élégance devrait être glissé dans chaque poche de pêcheur, avant le petit jour.

Tartine au saumon fumé et raifort

de Marc Haeberlin

Auberge de l'Ill
68970 Illhaeusern

Ingrédients

pain de campagne
raifort
pomme de terre
huile d'olive
1 tranche de saumon fumé
1 hareng mariné
1 branche d'aneth

- Faire cuire la pomme de terre avec la peau.
- Couper une tranche très fine de pain de campagne et la griller légèrement d'un côté.
- La tartiner d'un peu de raifort râpé, puis disposer une rangée de pomme de terre cuite en robe des champs, coupée en tranches et colorée dans une poêle à l'huile d'olive. Encore un peu de raifort râpé.
- Et pour finir, une tranche de saumon fumé avec un petit bout de hareng mariné.
- Décorer d'une branche d'aneth.

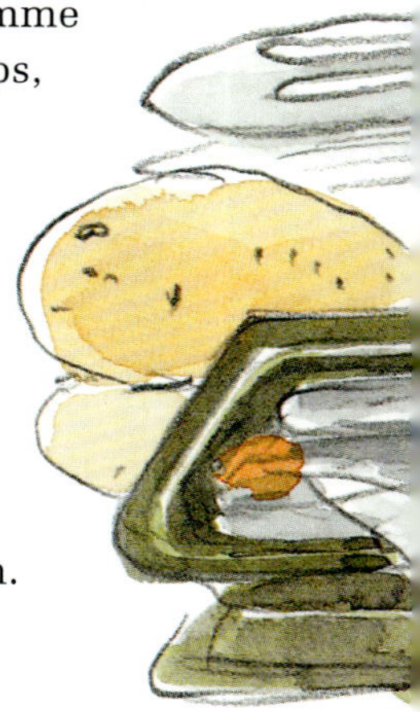

L'artisan boulanger recommandé

Thierry Graff
21, rue du Maréchal-Lefèbvre
68970 Guémar
Tél : 03 89 71 83 60

Marc Haeberlin devrait relire son arbre généalogique et, en cherchant bien, il devrait trouver des origines russes, oh il y a très très longtemps ! Lorsque je vois cette tartine avec hareng et saumon fumé, j'en suis persuadé. Comment peut-on, lorsque l'on est élevé au jus de cigogne et à la bouchée de choucroute, inventer une telle œuvre. Fermons les yeux, on est à Saint-Pétersbourg, il fait froid, dehors glisse un traîneau tiré par des chevaux qui secouent leurs clochettes pour fêter la venue du jeune Marc Haeberlinof. Un vieil oncle lui offre un verre de vodka et un filet de hareng mariné. Le jeune homme sort de sa poche un bretzel et un verre de Sylvaner pour remercier son oncle. La scène se brouille, on se frotte les yeux, on est sur les berges de l'Ill. Marc a troqué la toque de fourrure pour celle de chef ; il fait goûter cette tartine à des amis, le jardin semble échappé d'un livre pour enfant, c'est l'Alsace dans toute sa splendeur.

La tartine de tartare de lisettes et huître

de Jacques Cagna

Jacques Cagna
14, rue des Grands-Augustins
75006 PARIS

Ingrédients

pain aux 6 céréales
3 lisettes raides de fraîcheur (petits maquereaux)
1 ou 2 huîtres de Marennes spéciales n° 2 de chez Gillardeau
1 échalote
1 cuillère à café de moutarde
ciboulette
coriandre fraîche
1 cuillère à café de jus de citron
1 tomate fraîche
2 tomates séchées
8 câpres
1 pincée de sucre
huile d'olive vierge 1ère pression
sel, poivre du moulin

• Couper la tomate en tranches très très fines.

• Les assaisonner avec sel, poivre, une pincée de sucre et une cuillère à soupe d'huile d'olive. Les faire sécher sur une plaque recouverte de papier sulfurisé dans le four à 120° pendant 1 heure (jusqu'à un aspect croustillant).

• Enlever les arêtes et mettre en filets les lisettes. Les couper en petits dés avec l'huître.

L'artisan boulanger recommandé

Jean-Luc Poujauran
20, rue Jean-Nicot
75007 Paris
Tél : 01 47 05 80 88

La maman de Jacques Cagna devait être sirène. Certains disent qu'elle apparaissait au petit jour sur les rochers de Quiberon ou de Cancale. Au premier regard, elle replongeait accompagnée de ses deux fils Jacques et Gérard, ceux qui allaient devenir de très grands cuisiniers. Intéressons-nous au petit Jacques qui aurait pu écrire, s'il n'avait pas été accaparé par ses poêlons, *Le Grand Bleu*. Aujourd'hui, quand on le voit goûter les langoustines poêlées, le bar en croûte de sel ou le Saint-Pierre aux petites rattes, on devine cette attirance pour les fonds marins. Cette tartine de tartare de lisettes et huître est comparable à son empreinte digitale, elle lui colle à la peau.

Imaginez un instant la situation : il est 10 heures, on revient du marché, le soleil n'a pas encore inventé l'ombre. Dans le panier, les huîtres n'ont pas ouvert leurs volets et les lisettes sont alignées côte à côte pour vanter leurs couleurs. On ouvre un joli chablis qui piétinait d'impatience dans sa bouteille. Pendant ce temps, le bon Jacques chausse ses lunettes de plongée, ajuste son tuba et lève les filets de poissons nacrés et bleus. Il chuchote à l'oreille des huîtres une histoire de citron pour que les belles s'ouvrent. Échalote, fines herbes, câpres, sont comme une fanfare sur la planche à découper. Le tartare est là, impertinent de fraîcheur. Les tomates reviennent de la plage, la peau gorgée de soleil et de sucre. Le chef Cagna toaste, dispose, entrepose, entasse et la tartine s'avance, prête pour le défilé. Elle se mange sur le pouce, en un éclair, sinon elle disparaît comme une sirène. Un tel cadeau n'attend pas !

- Hacher l'échalote, les fines herbes et les câpres.

- Faire un tartare avec les lisettes, l'huître, l'échalote, les fines herbes, les câpres, la moutarde et le jus de citron. Saler, poivrer.

- Trancher le pain, le toaster et le napper d'huile d'olive.

- Disposer le tartare sur le pain. Décorer de tranches de tomates séchées.

- Vous pouvez aussi pocher une autre huître dans son jus, à température frémissante pendant 30 secondes, et la déposer sur votre tartine.

Un croque-sardine à la moutarde

d'Alain Passard

Arpège
84, rue de Varenne
75007 Paris

Ingrédients

pain de mie
6 filets de sardines
feuilles d'estragon
moutarde
beurre
1 œuf
fleur de sel
poivre du moulin

• Prendre en sandwich avec des tranches de pain de mie frais beurrées, des filets de sardines enduits de moutarde et relevés de quelques feuilles d'estragon fraîchement ciselées.

• Passer au gril et servir parsemé de fleur de sel et de poivre du moulin avec un œuf au plat à cheval.

L'artisan boulanger recommandé

Boulangerie Départ-Allion
30, rue du Général-Leclerc
95320 Saint-Leu-La-Forêt
Tél : 01 39 60 00 18

On est obligé de constater que la sardine déteste la solitude. Elle est toujours accompagnée d'une bande d'amis, de ses cousines, de ses sœurs et autres grands-parents. « On est très famille » chez les sardines. Si par malheur elle se retrouve seule entre algue et sable fin, elle déprime et doit alors consulter le bar ou la dorade aux larges ouïes qui l'écoutent et la remettent auprès des siens après traitement. Alain Passard connaît par cœur la vie des sardines. Très respectueux des mœurs du petit poisson au ventre d'argent, il les a regroupées à l'intérieur d'un pain de mie où, librement, les belles peuvent papoter avec les feuilles d'estragon et la moutarde. Entre elles, elles se racontent leurs vacances sur la Côte d'Azur où elles grillent sur les braises des campeurs, ou encore leurs bains d'huile d'olive dans les conserveries de Bretagne. Je vous le dis, la sardine est une bavarde, c'est pour cela qu'elle aime la compagnie.

Croûtons aux oursins

de Jean-Claude Goumard

Goumard Prunier
9, rue Duphot
75001 Paris

Ingrédients

1 baguette de campagne
4 oursins que vous ferez ouvrir par votre poissonnier
50 g d'excellent beurre demi-sel

L'artisan boulanger recommandé

Jean-Luc Poujauran
20, rue Jean-Nicot
75007 Paris
Tél : 01 47 05 80 88

Jean-Claude Goumard est un bon père de famille. Dans son restaurant de la rue Duphot, il adore regrouper les générations autour de la même table. Je le soupçonne même de venir, entre la poire et le fromage, conter une histoire de pêche qui débute toujours par : « C'est par une nuit de tempête terrible que les filets de la Marie-Jeanne s'accrochèrent dans les rochers... » Au fil du récit, il découpe des tranches dans une baguette de campagne. La farine qui recouvre le pain vole sous l'effet de la tempête sur les costumes sombres des beaux messieurs. Les membres de la tablée se resserrent les uns contre les autres pour lutter contre le froid. Les toasts sont distribués, légèrement beurrés et recouverts de langues d'oursins iodés, superbes. Pour tenir le coup, chacun croque dans cette offrande du conteur Goumard. Le vent se calme, la mer s'endort, chaque convive ôte son ciré, il est temps de poursuivre le repas.

- À l'aide d'une petite cuillère, retirer délicatement les langues des oursins et les réserver sur une assiette.
- Tailler 10 tranches biseautées de baguette de campagne.
- Les toaster, les tartiner légèrement de beurre et poser 4 coraux d'oursins sur chacune d'elles.
- « Déguster rapidement cet amuse-bouche succulent. »

Tartine de coquillages

d'Alain Dutournier

Carré des Feuillants
14, rue de Castiglione
75001 Paris

Ingrédients

pour 3 personnes :
pain de campagne
12 pétoncles
250 g de coques
1/2 l de moules
250 g de praires
6 huîtres
1 tomate un peu verte
sel, poivre
sauce de liaison :
1 jaune d'œuf
1/2 œuf dur
1 gousse d'ail
1/2 prise de safran
0,5 dl d'huile d'olive
1/4 jus de citron
1/4 botte de persil simple
1/2 pointe de piment de Cayenne

- Faire tremper les filaments de safran dans 1 cl d'eau.

- Bien blanchir la gousse d'ail.

- Dans un bol de mixeur : verser le safran et l'eau colorée, la gousse d'ail, le jus de citron et le 1/2 œuf dur. Réduire en purée.

- Émulsionner le jaune avec l'huile (comme pour une mayonnaise), mélanger avec la préparation faite au mixeur.

- Ajouter le persil ciselé et du piment de Cayenne en poudre.

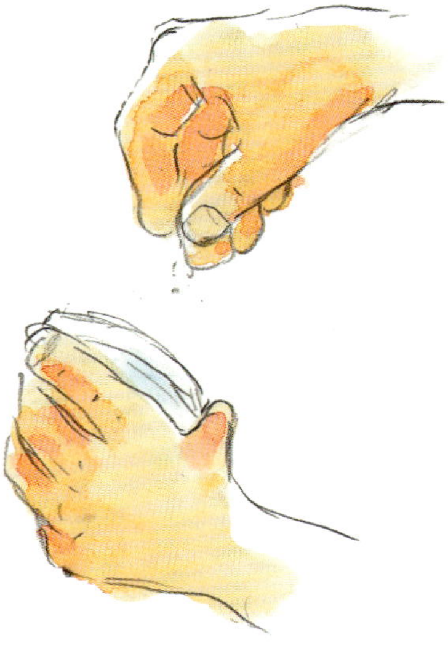

Si Alain Dutournier interprétait aujourd'hui le rôle d'Adam, il remplacerait sans aucun doute la pomme par une palombe ou un verre d'Armagnac. Cet enfant du Sud-Ouest, fils naturel des arènes, a le cœur qui bat « avé l'accent ». Avant la première corrida de juillet, avant le premier passage des palombes d'octobre, il convoque ses amis entre Biarritz et Bordeaux pour le « casse-croûte d'avant ». Les trompettes dorment dans leur

étui, les bérets sont sur la lunette arrière de la voiture, la fête piaffe d'impatience dans les brindilles de pins. Pendant que les bécasses suspendues par le col se dandinent devant la braise en laissant échapper leur jus odorant sur les tartines, Dutournier prépare un méli-mélo savoureux, un bric-à-brac coloré qui calera l'estomac des copains en goguette. La miche de pain de campagne, c'est toujours l'affaire de son pote Poujauran, les coques sont apportées par Robert, le retraité. Les pétoncles, les moules et les praires sortent du magasin de Gilles, le poissonnier. Les tomates, du jardin d'Albert, etc... Chacun apporte ce qu'il a. Alain Dutournier organise tous les pions avant de se lancer dans la partie. Tout va vite entre les mains de ce chef. Pendant que l'eau bout, il décoquille. Pendant que l'ail blanchit, la bécasse dore. Pendant que le persil est haché menu, le piment de Cayenne est réduit en poudre. Ciseaux, couteaux, hachoirs lancent des éclairs entre les yeux des convives. Les papilles se réveillent sous les gorgées répétées du jurançon sec. Le pain chaud, comme le ventre du chat pelotonné, attend les éléments du puzzle dessiné par Dutournier. Il faut se dépêcher, le taureau va entrer dans l'arène.

- Cuire séparément les coquillages jusqu'à ouverture de leur coquille, la cuisson des huîtres se fait à la vapeur. Refroidir les chairs, les hacher régulièrement.

- Plonger la tomate quelques secondes dans de l'eau bouillante pour mieux lui enlever la peau puis l'épépiner et la tailler en petits dés.

- Mélanger tous les ingrédients en ayant soin de rectifier l'assaisonnement.

- Tartiner sur des tranches de pain de campagne grillées.

Tartine mérenda de sardines fraîches « belle Niçoise »

de Jacques Maximin

Jacques Maximin
689, chemin de la Gaude
06140 Vence

Ingrédients

pain de campagne
croûtons
1 boîte de ventre de thon confit
5 filets de sardine marinés dans le jus de citron
ail
1 tomate et 3 tomates cerises rouges
1 citron
radis
1 concombre
cébettes
2 œufs durs de caille
olives noires
huile d'olive
basilic
mesclun (mélange de salades)
gros sel, poivre du moulin

L'artisan boulanger recommandé

Claude Sabbia
28, avenue Marcellin Maurel
06140 Vence
Tél : 04 93 24 27 68

• « Mérenda en niçois veut dire casse-croûte.

• Dans le Midi, on fait une mérenda le matin autour de charcuteries, pâtés, olives, jambon, tomates… toujours avec l'ail, l'oignon, anchois et huile d'olive ! Bref, cela peut être un roman…

• Ma tartine est en tout point un clin d'œil à la salade niçoise. »

• Pour cela, il faut 1 belle tranche de pain de campagne assez large que vous faites griller sur les 2 faces.

• La frotter d'un seul côté à l'ail puis écraser la chair d'une tomate en frottant bien afin d'imbiber la tartine.

Chez Maximin, la révolte gronde au fond des cocottes. Ce passionné, cet écorché vif est un descendant de Carmen, la belle. « La cuisine est enfant de Bohème qui n'a jamais, jamais connu de lois ». Maximin n'en fait qu'à sa tête. Bravo l'artiste ! Au petit matin, le bonnet de nuit encore sur la tête, Jacques le fougueux compose le menu du jour entouré de ses cageots. Il veut que la tomate soit surprise de retrouver le ventre de thon, le radis, le carpaccio. Cette élégance est unique, propre à l'homme de Saint-Paul de Vence. Ce matin, le voilà au pied de sa tartine. Semblable à un artisan maçon, il va la construire comme une cathédrale. Les pierres sont taillées au millimètre, le pain toasté est parfumé à l'ail et gorgé de tomate. La voûte commence à prendre tournure. Les sardines marinées, les lames de radis, les sardines, les lames de concombres, les sardines, les rondelles d'œufs de caille, les sardines, les tomates cerises... Les gouttes de sueur perlent sur le front du travailleur. L'œuvre d'art se construit, tout en couleurs, les vitraux éclatent sous la lumière et l'homme continue, pierre par pierre, à faire naître cette pièce unique. Les olives noires sont fixées au faîtage comme des girouettes qui indiquent la direction du palais. Les flèches, en forme de feuilles de basilic, sont plantées comme un index sur le nez du soleil. Pour renforcer cette construction, Maximin dépose un mesclun au pied de l'édifice. Ouvrez la bouche pour entonner un Ave Maria, ouvrez le bec pour accueillir un coteaux-d'aix blanc. Ouvrez le cœur pour accueillir cette fantaisie, cette romance, enfant de Bohème.

- Disposer sur la tartine, en intercalant, 1 filet de sardine cru mariné au citron puis une rangée de lames de radis, 1 filet de sardine mariné, 1 rangée de lames de concombre, 1 filet de sardine mariné, 1 rangée de rondelles d'œufs durs de caille, 1 filet de sardine mariné, 1 rangée de rondelles de tomates cerises rouges, 1 filet de sardine mariné et 1 rangée de lames de cébettes.

- Lorsque ce montage est réalisé, disposer quelques rondelles d'olives noires.

- Arroser largement d'huile d'olive. Poivrer, quelques grains de gros sel. N'oubliez pas de déposer les célèbres hélicoptères de basilic !

- Servir avec un vrai mesclun de « sentiers battus » et quelques croûtons tartinés et garnis de ventre de thon.

Tartine de Saint-Jacques

de Christian Constant

Le Violon d'Ingres
135, rue Saint-Dominique
75007 Paris

Ingrédients

2 belles tranches de pain de campagne
1 tomate
ail
basilic
huile d'olive
2 à 3 noix de Saint-Jacques
échalotes
1 citron
parmesan
sel de Guérande
poivre du moulin

- Enlever la peau de la tomate, la découper en dés et la faire légèrement cuire dans l'huile d'olive en incorporant le basilic, l'ail haché fin, le sel et le poivre.

- Toaster très fort le pain de campagne. Sur la tartine chaude, étaler la tomate concassée.

L'artisan boulanger recommandé

Jean-Luc Poujauran
20, rue Jean-Nicot
75007 Paris
Tél : 01 47 05 80 88

Le chaud et le froid, la pluie et le beau temps, le rire et les larmes. Christian Constant joue avec les sentiments, joue avec le cœur. Ce ciseleur de saveurs, cet orfèvre minutieux de la cuisine se régale là en nous bouleversant les sens. « Toaster très fort le pain de campagne » dit-il, puis « escaloper avec tendresse et sérénité la coquille Saint-Jacques crue ». Le cuit, le cru, toute la cuisine est ici résumée et l'arlequin Constant les couche dans le même lit. Croquant, moelleux, là encore, le chef joue avec nos nerfs. Suavité, sensualité de la Saint-Jacques. Poivre du moulin et sel de Guérande réveillent le bec et rappellent au palais qu'il ne faut pas céder trop vite aux charmes envoûtants de la belle venue des fonds marins pour conter fleurette au gourmand sous hypnose.

- Escaloper les noix de Saint-Jacques très finement.

- Les passer dans l'huile et le jus de citron.

- Recouvrir les lamelles de Saint-Jacques d'échalotes finement hachées.

- Poser sur les tartines les fines escalopes de Saint-Jacques et donner un gros tour de moulin à poivre.

- Ajouter quelques grains de sel de Guérande et quelques copeaux de parmesan.

- Servir encore chaud.

Tartine à la purée d'avocat et calamar

de Pierre Troisgros

Pierre et Michel Troisgros
Place Jean Troisgros
42300 Roanne

Ingrédients

pour 2 tartines :
pain de campagne
1 avocat
1 calamar
1 citron
1/2 cuillère d'huile d'olive
feuilles de coriandre
sel, poivre du moulin

• Passer la chair de l'avocat au mixeur. Puis citronner, saler, poivrer et ajouter une petite goutte d'huile d'olive.

• Découper le calamar en rondelles et le poêler à l'huile.

L'artisan boulanger recommandé

Pierre Dubois
98, rue Mulsant
42300 Roanne
Tél : 04 77 71 47 51

Pierre Troisgros, c'est Pierrot la tendresse. Pas besoin de flûte et de mélodie envoûtante pour entraîner les enfants vers les plaisirs de la table. Pierre est un cœur en veste blanche. De sa voix un brin voilée, ponctuée de petits fous rires, il se penche vers l'oreille des gosses pour raconter la pomme de terre écrasée à la fourchette et sa noix de beurre. On l'écoute comme on écoute un grand-père ou un conteur à la veillée. Ici, il est question d'une tartine poêlée, gorgée de saveurs. C'est la tartine de campagne avec nappe à carreaux et panière en osier. C'est la tartine de campagne de Pierrot le Sage, du cousu main pour les petits enfants, du sur mesure pour gens heureux. Un, deux, trois, gros coups de bec dans une belle tranche de vie et puis s'en vont.

• Trancher de larges tartines de pain et les poêler sur une seule face. Sur l'autre face, étendre la purée d'avocat, déposer quelques anneaux de calamar et décorer de feuilles de coriandre.

Tartine gourmande aux sardines crues

de Georges Paineau

Le Bretagne
13, rue Saint-Michel
56230 Questembert

Ingrédients

pain de campagne
3 sardines fraîches ou sardines à l'huile
beurre
2 tomates
persil plat
1 œuf dur
10 bigorneaux cuits
huile, vinaigre
fleur de sel, poivre du moulin

- Toaster des 2 côtés une large tranche de pain de campagne.

- Avant qu'elle ne soit froide, la tartiner (plus ou moins selon le goût) de bon beurre frais.

- Recouvrir de dés de tomates assaisonnés.

- Compléter d'un hachis de persil plat.

L'artisan boulanger recommandé

Robert Leroux
9, rue Pilori
56230 Questembert
Tél : 02 97 26 11 40

« Nous sommes désolés, nous ne pouvons rejoindre votre île pour le déjeuner, il y a trop de vent et la tempête est indomptable ». Dommage, on avait tout prévu : soupe d'étrilles et bar en croûte de sel. Et si l'on se faisait un bon casse-croûte pour oublier le mauvais temps ? Je cueille deux tomates, un brin de persil. je vole aux rochers une poignée de bigorneaux et me revoilà, le ciré trempé. Le feu dans la cheminée raconte des histoires de naufrage et de mâts brisés. La télé est en berne, le vent, comme un voyou, passe partout en nous tirant la langue. La clé ouvre en roulant le couvercle de la boîte de sardines comme un barbier frise la moustache de son client. Cette tartine ressemble en tout point à un canot de sauvetage venant à notre rencontre. Le muscadet est frais, le pain croustillant embaume le salon et la maison fait le gros dos sous les gifles qui claquent sur les volets.

- Étaler les sardines crues, légèrement grattées et les arêtes ôtées.

- Sortir les bigorneaux de leurs coquilles.

- Mélanger l'œuf dur haché aux petits bigorneaux. Couvrir la tartine d'une mince pellicule de cette préparation.

- Saupoudrer d'un tour de moulin à poivre et d'un peu de fleur de sel.

- On peut passer ces tartines au gril à condition de mettre l'œuf dur et la fleur de sel après le passage à la chaleur.

- On peut arroser très légèrement de sauce anglaise.

Tartine de Saint-Jacques portaises

de Michel Bruneau

La Bourride
15-17, rue du Vaugueux
14000 Caen

Ingrédients

2 belles tranches de pain de campagne
5 g + 5 g de beurre demi-sel
1/4 de gousse d'ail épluchée
6 noix de coquilles Saint-Jacques de Port-en-Bessin
gros sel de Guérande
2 tours de moulin à poivre
quelques feuilles de persil simple et beaucoup de bonheur

• Poêler au beurre (5 g) vos 2 tranches de pain. Puis éponger sur un papier absorbant.

• Frotter légèrement les croûtons avec la gousse d'ail.

• Escaloper finement vos Saint-Jacques. Saler, poivrer.

• Disposer sur les tranches de pain ces escalopes.

Les artisans boulangers recommandés

Boulangerie-pâtisserie du Château
M. Nativelle
52, rue du Vaugueux
14000 Caen
Tél : 02 31 93 86 72

Philippe Pépin
Le Bourg
14320 Clinchamps-sur-Orne
Tél : 02 31 79 82 22

Quelques pas sur les planches de Deauville pour prolonger le déjeuner dominical et déjà, le jour range ses affaires au fond de son sac. Il fait frisquet et le week-end tire sa révérence. Pour le garder encore un peu auprès de moi avant son départ pour le pensionnat, j'ai acheté ce matin six belles Saint-Jacques sur le marché de Trouville. Coquilles entrouvertes, elles rêvent de leur future rencontre avec la noix de beurre demi-sel. Les embouteillages du triangle de Roquencourt n'effritent pas mon enthousiasme. Ce soir, je fais les tartines pour tout le monde. Pendant que les gosses prendront leur bain, je toasterai le pain qui servira de chaise longue aux Saint-Jacques escalopées et, lorsque les enfants en pyjama rejoindront la table, je célébrerai sous la salamandre les épousailles du coquillage et du beurre. Le lundi peut pointer son nez, il a sa place à la table du dimanche soir.

- Mettre dessus en petites noix, le beurre restant.
- Passer quelques instants au gril.
- Disposer quelques tiges de persil.
- « À déguster avec une bolée de cidre brut du tonneau... bien sûr ! »

La tartine grillée au saumon et huile d'olive

de Michel Rostang

Michel Rostang
20, rue Rennequin
75017 Paris

Ingrédients

1 tranche de pain de campagne style « boule Poilâne »
100 g de saumon frais (choisir les parures du ventre qui sont plus grasses)
huile d'olive
sel, poivre du moulin

- Hacher grossièrement le saumon frais. Saler, poivrer et incorporer une cuillère d'huile d'olive bien fruitée des Alpilles !

- Toaster de chaque côté la tranche de pain de campagne.

- Étaler une couche épaisse de saumon sur votre tartine grillée et brûlante, arroser d'un filet d'huile d'olive (encore !... mais c'est si bon !), un tour de moulin à poivre et déguster rapidement.

- « Il est important d'avoir cette sensation de chaud et froid en croquant cette tartine. »

L'artisan boulanger recommandé

François Bigot
11, rue Gustave-Flaubert
75017 Paris
Tél : 01 47 63 75 68

Qui se souvient du fameux saumon Bellevue servi pour le repas de communion solennelle ? Voilà bien un plat incontournable des années 60. Ce saumon a ensuite découvert le fumoir et plus récemment la marinade. Le chef n'omet jamais de mentionner « fumé par nos soins » ou « mariné maison ». Au fil des années, au gré de la consommation, le saumon est hélas plus ou moins bien élevé. Rien ne vaut un beau saumon sauvage de l'Allier ou de l'Adour. Là, l'œil de Michel Rostang s'éclaire. À la hâte, il toaste le pain pour le confort du ventre de la bête et « ajoutez de l'huile, encore et encore », nous dit-il. Sortez de l'armoire une serviette large, un beau coton blanc fera l'affaire, nouez le tissu parfumé, un brin empesé, autour du cou et « mangez large », les doigts brillants et couverts d'huile d'olive… Le bonheur est à ce prix.

Tartine de foie et filet de rouget aux tomates séchées et fanes d'oignons

de Philippe Jousse

Alain Chapel
01390 Mionnay

Ingrédients

pain
2 rougets de 150 g pièce
(faire lever les filets
et faire réserver les foies)
fanes d'oignons nouveaux
2 tomates séchées
beurre

- Couper en tronçons des fanes d'oignons nouveaux, les suer dans une noix de beurre.

- Ajouter une cuillère d'eau, faire bouillir et ajouter les tomates séchées coupées en lanières. Laisser cuire couvert 3 à 4 minutes à petit bouillon, rajouter de l'eau si besoin afin de garder le mélange humide.

- Poêler les foies de rougets très rapidement, les passer au tamis ou dans une passoire fine, mélanger avec un peu de beurre pommade (travailler en quantité égale).

- Toaster les tranches de pain de 1 cm d'épaisseur, les tartiner avec les foies de rougets. Ajouter les tomates séchées.

- Poêler les filets de rougets côté peau pendant 2 à 3 minutes, les couper en deux si besoin, puis les mettre côté chair sur la tartine.

- Repasser l'ensemble au four 1 à 2 minutes à 150°

L'artisan boulanger recommandé

Boulangerie Bonnard
47, rue Pasteur
69300 Caluire
Tél : 04 78 08 20 13

Cette tartine est réservée à ceux qui sont privés de vacances, à ceux qui gardent la cravate pendant les mois d'été. Nostalgiques, ils recherchent les terrasses pour imaginer, sur les grands boulevards, le cri des mouettes et les châteaux de sable sur la plage. Aussitôt collé contre le palais, le rouget vous transporte sur les rochers et vous met les pieds dans l'eau, l'effet est immédiat. Les fanes d'oignons dans le beurre, les tomates séchées juste à côté, un dé à coudre d'eau et l'histoire débute. Dans les volutes de vapeur parfumée qui s'échappent de la cocotte, les images naissent. Les petits foies des rougets mis en pommade valent toutes les crèmes solaires de la terre… C'est la tartine qui le dit. Le filet, poêlé et posé côté chair, offre sa peau aux rayons du gril. Lorsque le soleil chante suffisamment sur cette palette de couleurs, on croque dedans. « Aïe, pourquoi tu m'as mordue, tu es devenu fou ? ? ? ». Excuse-moi Géraldine, tu es vraiment craquante !

Morue sur pain de campagne, vinaigrette de tomates

de Guy Martin

Le Grand Véfour
17, rue de Beaujolais
75001 Paris

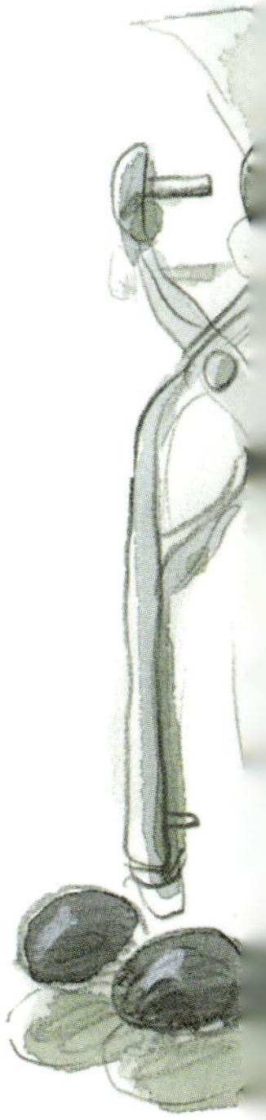

Ingrédients

2 belles tranches de pain de campagne
250 g de morue au sel
10 tomates cerises
10 olives noires dénoyautées
tabasco
5 à 10 g d'ail (selon votre goût)
1/2 citron
quelques sommités d'aneth
poivre du moulin

• La veille, faire dessaler à l'eau froide la morue en changeant souvent l'eau. L'égoutter. L'escaloper le plus finement possible.

• Toaster le pain de campagne.

• Chauffer l'huile d'olive. Ajouter l'ail épluché et émincé, puis les olives, 1 goutte de tabasco et les tomates coupées en quatre.

L'artisan boulanger recommandé

Boulangerie Kayser
8, rue Monge
75005 Paris
Tél : 01 44 07 01 42

Pour dessaler une morue, rien de plus simple. Il suffit d'accrocher le poisson derrière son embarcation et de remonter le canal comme si de rien n'était. À la deuxième ou troisième écluse, la morue peut alors être consommée. Ce principe de dessalage très ancien est assez compliqué à appliquer aujourd'hui. Donc, depuis son appartement situé au 30e étage de sa tour, avec la Seine en toile de fond, on dessale la bête dans un grand faitout. La vinaigrette de tomates de Guy Martin est un feu d'artifice digne des anciens mariniers, elle est vive et tranchante. Ail, olive, tabasco, citron, tomate, ça chante ! ça gueule ! ça hurle ! On vit bien là une aventure digne de ce nom.

- Verser le jus de citron. Assaisonner de poivre.

- Dans l'assiette, poser les escalopes de morue sur les tranches de pain de campagne chaudes. Verser dessus la vinaigrette d'ail et sa garniture.

- Parsemer de sommités d'aneth.

- Le vin clos des capucins 1992 de Louis Max est vivement conseillé.

Tartine folle pour femme sérieuse

de Gérard Cagna

Au Relais Sainte Jeanne
95830 Cormeilles-en-Vexin

Ingrédients

3 belles tranches de pain de campagne (mie aérée, pas trop lourde)
6 tranches de saumon fumé
1/2 chorizo doux coupé en rondelles très fines
1/2 concombre long, brillant, très frais
100 g de fromage blanc
bouquet de ciboulette
sel, poivre du moulin

L'artisan boulanger recommandé

Gérard Boulon
6, place Docteur-Ernest-Peyron
95640 Marînes
Tél : 01 30 39 71 11

Ah le plaisir de tous les sens ! Ah la sensualité des mots ! Gérard Cagna a l'âme canaille : tartine folle pour femme sérieuse. Il y a du San Antonio là-dessous, j'en suis sûr. On imagine bien Frédéric Dard devant sa machine à écrire se délectant des histoires de Bérurier avec ces dames. Que voulez-vous, tant que l'ail passera en chemise et sans culotte à la casserole. Tant que les gambas sauteront à feu vif dans la poêle. Tant que le bœuf reviendra à feu doux au domicile conjugal se faire pardonner son coup de canif dans le contrat de mariage, la cuisine flirtera avec le palais et les sens seront émoustillés, c'est-à-dire, cul par dessus tête.

- Tailler finement le chorizo sans la peau.
- Tailler finement le concombre avec la peau.
- Mixer le fromage blanc avec ciboulette, sel et poivre.
- Tartiner le pain de fromage blanc.
- Alterner harmonieusement saumon fumé, concombre et chorizo.

La tartine toastée

de Michel Guérard

Les Prés d'Eugénie
40320 Eugénie-les-Bains

Ingrédients

Voici la recette de la tartine toastée que je fais quelquefois pour mes amis :
sur une tranche de pain
4 petites côtelettes de lapin
1 petit morceau de ventrêche de cochon
4 petits encornets
parmesan
quelques feuilles de cresson
1 tomate confite
olives de Nice
ail
sel, poivre du moulin
pesto au persil

• Préparer une tomate confite. Enlever la peau et les pépins. La laisser tremper dans de l'huile d'olive avec du thym, de l'ail, du poivre, du sel et une pointe de sucre. Puis la découper en lamelles.

• Faire un pesto au persil :
300 g de persil
50 g de crème liquide
100 g d'échalotes sautées à l'huile d'olive
1 gousse d'ail
150 g de beurre ou crème fraîche épaisse
150 g d'huile d'olive
100 g de poudre d'amande
200 g de parmesan râpé
sel, poivre

• Blanchir le persil rapidement à l'eau bouillie salée et broyer ensemble les ingrédients au mixeur.

• Griller « rosé » des petites côtelettes de lapin (cela fait joli sur la tartine et participe à une architecture générale), des copeaux de ventrêche de cochon (qui peuvent être remplacés par de fines tranches de jambon sec assez gras), ainsi que des petits encornets.

L'artisan boulanger recommandé

Jean-Marc Mesplède
61, rue René-Vielle
40320 Eugénie-Les-Bains
Tél : 05 58 51 19 06

POUDRE
D'AMAND
ISIGNY
CRÈME FRAICH
CREME
FLEURE
HUILE

***La Ferme aux grives* est le nom du bistrot de Michel Guérard. Tout est dit dans l'enseigne, tout est dit avant de passer à table. Délaissez le costume cravate pour le velours et la chemise à carreaux. Abandonnez les couverts en argent pour le canif de poche bien aiguisé. Rendez-vous à la tartine à pied pour aiguiser vos sens et laissez venir à vous le cuisinier du Sud-Ouest, celui qui tutoie la ventrèche, le foie gras et le chapon. Michel Guérard est né dans une cheminée, suspendu à une broche. Ce poète des poêlons ne conçoit pas un seul casse-croûte sans sa tribu rassemblée autour de lui. Le vin est en carafe, les bancs sont rapprochés dans un même élan autour de la table et le voilà entre ritournelle et histoire drôle occupé à griller les côtelettes de lapin, à trancher la ventrèche de cochon, à voler un copeau de jambon gras. Il jongle, dresse la tartine, l'ail grille et parfume la pièce. Il étale une belle couche de pesto au persil qui sert de fondation à la belle. Le fouillis est harmonieux, c'est le signe du génie. Chaque tartine arrive comme ébouriffée sur la table. On pique ici ou là d'abord avec timidité, puis finalement avec assurance et vaillance, on attrape la côtelette par l'aile et on croque à belle bouche ce qui ravit le chef de bande, Michel Guérard.**

- Les tenir au chaud à l'entrée du four.

- Quand la tranche de pain est toastée, mettre une couche de pesto au persil.

- Dans un fouillis harmonieux, poser pêle-mêle des feuilles de cresson, des morceaux de tomates confites, quelques pétales d'ail grillé, quelques 1/2 olives de Nice dénoyautées et ajouter les côtelettes de lapin, les copeaux de ventrêche et du parmesan ainsi que les petits encornets.

- Cette délicieuse tartine, qui pourrait être à elle seule un repas complet, se déguste avec la fourchette et le couteau... mais aussi avec les doigts.

Tartine de filet de porc à la grosse blonde paresseuse

de Patrick Henriroux

La Pyramide
14, boulevard Fernand-Point
38200 Vienne

Ingrédients

2 tranches de miche (pain rond assez gros)
1 morceau de filet de porc
1 grosse blonde paresseuse (variété de salade se situant entre la laitue et la scarole)
1 morceau de lard
petits oignons
1 citron
huile
sarriette
sel, poivre

- Dans une belle « paire » de miche, détailler 2 tranches bien épaisses.

- Sur un lit de petits oignons et de dés de lard minuscules arrosés d'huile dans une cocotte, étendre un filet de porc.

- Que le feu ne soit « point » trop vif, ni « point » trop doux. Se fier à son jugement.

- Tourner la viande et la retourner afin qu'elle se colore de toutes parts.

- Assaisonner, couvrir et laisser cuire entre 10 et 40 minutes (selon la taille) en prenant soin que le filet n'attache pas.

- Verser au besoin un peu d'eau car la viande a besoin de cuire dans son jus. Le temps venu, ajouter hardiment quelques feuilles de grosse blonde paresseuse, un peu de jus de citron et de la sarriette. Bien imprégner de sauce et laisser cuire encore 15 minutes.

- Avant de faire retomber le couvercle sur ces beautés, regarder de tous vos yeux une dernière fois. Au sortir, la salade sera « marronasse » comme le reste mais parfumée et délicieuse.

L'artisan boulanger recommandé

Boulangerie du Musée
7, rue du Musée
38200 Vienne
Tél : 04 74 85 06 26

Fernand Point, le prédécesseur de Patrick Henriroux, avait la réputation d'être un bon vivant. Point à Vienne, c'était la fête, l'assurance d'un banquet digne du 14 Juillet. Le fabuleux Henriroux n'a rien perdu de cette veine, à croire que les murs racontent chaque jour au jeune Patrick les leçons du bonheur récitées autrefois par le vieux Fernand. Gaillard, canaille, Henriroux débute sa tartine avec « une belle paire de miches », on devine le fou rire de Fernand. Il rissole le filet de porc « point trop vif, ni point trop doux », on imagine le bon Fernand depuis le paradis, le nez en alerte, au-dessus de la cocotte. « Ajouter hardiment quelques feuilles de grosse blonde paresseuse », éclat de rire de tout le paradis autour de Point, saints compris. Henriroux est un grigou et un sacré loulou. Comme toute bonne histoire, cette tartine se termine évidemment par un Point final avant la récidive, cela s'entend.

- Sitôt cuit, sitôt servi !

- Toaster les tranches de pain.

- Couper la viande en fines rondelles, ajouter nos amis les oignons, le lard, la salade et napper cette tartine de jus.

- « Ouvrir grand la bouche et fermer les yeux. »

Tartine d'agneau confit, baïaldi de légumes

d'André Charial

Oustau de Baumanière
13520 Les Baux-de-Provence

Ingrédients

2 tranches de pain de mie
50 g d'épaule d'agneau bien cuite
1/2 aubergine
1/2 tomate
1/2 courgette
huile d'olive
moutarde en grains
papier sulfurisé

- Commencer par couper en très fines rondelles la courgette, l'aubergine et la tomate.

- Les ranger sur une plaque avec du papier sulfurisé en les faisant se chevaucher.

- Alterner une tomate, une aubergine et une courgette et ainsi de suite.

L'artisan boulanger recommandé

William Mauzac
60, cours Carnot
13160 Chateaurenard
Tél : 04 90 94 12 78

Ah le gigot du repas dominical que l'on prépare juste avant la douche, à ce moment précis où la maison oublie les parfums de pain grillé et de café, à ce moment où, en peignoir, on frotte le plat à l'ail ! On enfourne, on règle la chaleur, le temps, et on plonge dans la mousse du bain. « Ce qu'il y a de bien avec le gigot, c'est qu'il en reste pour le soir », déclare immanquablement le cuisinier du dimanche. Arrive le soir avec son cortège d'expressions qui rappellent que le lundi et ses contraintes pointent le nez. « Tu as fini tes devoirs ? », « Tu as ciré tes chaussures ? », « On va vous laisser, car on souhaiterait rentrer de bonne heure… ». C'est là, exactement là qu'il faut sortir les restes de viande froide et préparer cette fabuleuse tartine, c'est la seule qui arrive à vous faire prendre le lundi pour un jour de fête.

- Les arroser d'huile d'olive et les faire cuire au four doux (100° environ) pendant une demi-heure.

- Toaster les tranches de pain de mie et badigeonner avec la moutarde en grains.

- Disposer l'effilochée d'agneau par-dessus.

- Et enfin, retourner à la dimension de la tranche du pain, le baïaldi de légumes.

- Servir tiède.

Comment accommoder les restes du « poulet dominical »

de Pierre Gagnaire

Pierre Gagnaire
6, rue Balzac
75008 Paris

Ingrédients

2 tranches de pain
1 poulet
1/4 d'une boîte de thon blanc
1 œuf dur
2 anchois demi-sel
2 tomates
1 citron
2 cornichons
huile d'olive
10 câpres
poivre noir du moulin

- Récupérer soigneusement le reste de chair sur la carcasse du poulet sans oublier, bien sûr, les sot-l'y-laisse ; compléter avec les manchons et peut-être les pilons que personne n'aura osé attaquer avec les doigts.

- Tailler en tous petits dés et mêler cette chair à des cornichons taillés, des câpres, du thon blanc effeuillé, un œuf dur, de l'huile d'olive, un jus de citron et des anchois demi-sel écrasés à la fourchette.

- Faire macérer le tout une demi-heure dans un jus de tomates frais relevé de poivre noir écrasé.

- Griller les tranches de pain avec soin pour qu'elles soient bien croustillantes.

- Juste avant de servir, déposer le mélange largement mouillé du jus de tomate.

Pierre Gagnaire est né entre ciel et terre. Envoyé par Dieu sur terre, accueilli par le diable, c'est un extra-terrestre qui conçoit sa cuisine dans un mouvement de trapèze. Il est là, accroché au-dessus de nos têtes, sous la toile du chapiteau. Il dessine sa cuisine dans l'air, il joue avec nos sentiments, il jongle, il bataille, il fait rire, pleurer en même temps, c'est l'émotion pure, celle que l'on rencontre parfois et parfois seulement. Cette tartine est folle, brillante, impertinente, c'est Gagnaire le génie. Œuf dur, thon, câpres, citron, tomates, poulet, cornichon, la liste est interminable... C'est encore Gagnaire. Le seul qui sache marier les ingrédients dans tous les sens. Il provoque la bouche, il est insolent, terriblement attachant, il n'y en a pas deux comme lui.

- Accompagner cette tartine d'un thé noir fumé puissant, ou alors d'un Saint-Péray.

- Si vous êtes vraiment gourmand, ne pas craindre le foie de volaille poêlé au beurre et terminé d'un trait de vin rouge agrémenté de porto.

Pain de campagne grillé à la compote d'oignons et au persillé de lapin

de Bernard Loiseau

La Côte d'Or
2, rue d'Argentine
21210 Saulieu

Ingrédients

pain de campagne
1 lapin de 1,2 à 1,3 kg découpé par votre boucher-volailler
1 petit bouquet de persil plat
1 carotte
5 oignons
1 bouquet garni (queues de persil, thym et laurier ficelés)
1 gousse d'ail
2 verres de vin blanc sec
60 g de beurre
3 cuillères à soupe d'huile d'arachide
vinaigre de Xérès
sel, poivre du moulin

L'artisan boulanger recommandé

Jean-Louis Poulizac
4, rue des Fours
21210 Saulieu
Tél : 03 80 64 18 92

- Faire revenir les morceaux de lapin dans une cocotte avec une noix de beurre et l'huile d'arachide. Bien les assaisonner.

- Lorsqu'ils sont colorés, ajouter la carotte émincée et un oignon émincé, puis les faire suer 3 à 4 minutes.

- Ajouter la gousse d'ail, le bouquet garni et le vin blanc. Laisser réduire 3 minutes puis mouiller à hauteur des morceaux avec de l'eau. Porter à ébullition puis laisser cuire 1h15 à 1h30 à petit frémissement.

- Une fois le lapin cuit, égoutter les morceaux et les décortiquer pour récupérer la chair.

- Remettre tous les os dans le jus de cuisson, ajouter un peu d'eau et faire chauffer doucement 20 à 25 minutes. Assaisonner.

- Passer ensuite au chinois-étamine pour récupérer environ 2,5 dl de jus.

- Effilocher la chair de lapin et la mettre dans un saladier. La laisser tiédir puis ajouter le persil que vous aurez concassé et le jus également tiède.

- Vérifier l'assaisonnement et mélanger. Mettre au réfrigérateur pendant une nuit.

SEL
VINAIGRE
XERES

Loiseau est volage, Loiseau est heureux, Loiseau chante du soir au matin. Loiseau est un représentant multicartes du bonheur. Tout ce qui est gris et noir, ce n'est pas pour lui, le bel oiseau rêve en couleurs depuis toujours. Mettez-le en cage, coupez le bout de ses ailes pour limiter son vol et Loiseau deviendra morose et mitonnera une cuisine chuchotée, une cuisine sans parfums. Loiseau a besoin d'ouvrir ses ailes pour embrasser, a besoin de chanter pour parler. Le voilà vif comme une alouette au-dessus de la cocotte où dore le lapin, le voilà gai comme un pinson qui tranche la carotte, le voilà élégant comme un chardonneret sautillant autour du saladier. À ce moment-là, il coiffe le chapeau à plumes, enfile la gibecière et part pour observer les autres oiseaux. À l'ombre d'un tilleul centenaire, il s'assied comme un gamin sur le pas de la porte et jette son filet. Le monde entier le connaît et se précipite dans ses mailles. Retenus par les ailes et par les pattes, les passereaux parlent alors la seule langue universelle connue dans le Morvan, celle de la gourmandise. Fier comme un coq de basse-cour, Loiseau ouvre sa gibecière et tartine la « compotée » d'oignons, ça pépie alentour, ça glousse, ça caquette et ça picore, ça picore, ça picore dans la main de Loiseau.

• Pendant la cuisson du lapin, éplucher et émincer 4 oignons. Les faire suer doucement avec le reste de beurre pendant 1 heure en les remuant fréquemment.

• En fin de cuisson, assaisonner la compote d'oignons, sel fin, poivre du moulin et verser quelques gouttes de vinaigre de Xérès.

• Couper de belles tranches de pain de campagne et les griller. Les tartiner avec un peu de compote d'oignons, puis mettre dessus le persillé de lapin que vous aurez pris soin de sortir 1/2 heure avant pour qu'il ne soit pas trop froid.

Tartine de halicot de pigeon au foie gras

de Georges Blanc

Georges Blanc
Place du marché
01540 Vonnas

Ingrédients

pain de campagne
1 pigeon
foie gras de canard
beurre
15 g d'oignons
huile de pépins de raisins
huile d'olive
porto
sel, poivre du moulin

- Désosser le pigeon. Hacher la chair à l'aide d'un gros couteau.

- Peser cette chair. Mixer le même poids de foie gras de canard.

- Faire confire dans du beurre les oignons émincés.

- Placer une sauteuse sur feu vif avec un filet d'huile de pépins de raisins.

• Une fois celle-ci très chaude, y ajouter la chair du pigeon puis les oignons confits hachés.

• Remuer rapidement à l'aide d'une spatule en bois pendant 1 minute.

• Débarrasser, ajouter le foie gras et un trait de porto. Rectifier l'assaisonnement.

• Prendre un gros et bon pain de campagne. Éliminer la croûte et tailler des tartines.

• Les faire frire dans une poêle à l'huile d'olive. Assaisonner. Laisser refroidir. La tartine va devenir croustillante à souhait.

• Étaler le halicot de pigeon. Donner un tour de moulin à poivre.

On sait que le pigeon est voyageur, c'est peut-être pour cela que Georges Blanc l'a retenu en inventant cette tartine. Là-bas, dans la Dombes, là où vivent les belles volailles de Bresse, Georges Blanc a retenu le pigeon à sa table. Généreux, il a convié le canard gras pour son foie qui a belle conversation. Les deux se sont entendus comme larrons en foire. L'aubergiste a décidé de les marier avec petits oignons en garçons d'honneur. La tartine croustille, les parfums sont raffinés et Georges Blanc peut aller au casse-croûte de l'étang, là où on poêle les grenouilles et le brocheton, juste à la sortie de l'eau. Attablé sur la rive avec les pêcheurs en cuissardes, Georges Blanc tient à bout de perche les tranches de pain au-dessus des flammes. Au loin, une rumeur, c'est une chanson ânonnée par les enfants d'une colonie de vacances, ils jouent à pigeon vole.

Tartine aux foies de volailles de Bresse

de Jacques Lameloise

Lameloise
Place d'Armes
71150 Chagny

Ingrédients

pour 3 personnes :
pain de campagne
6 foies de volailles de Bresse
1/2 gousse d'ail
1/2 tomate mûre
beurre, huile
moutarde
échalotes
1/2 cornichon
cerfeuil, ciboulette, persil plat, estragon
sel, poivre du moulin

• Griller une tranche de pain d'un seul côté. Frotter cette face avec l'ail puis avec la tomate bien mûre.

• Enlever le fiel des foies de volailles (blonds car les volailles de Bresse sont élevées au maïs) et les faire revenir vivement dans de l'huile et du beurre, puis ajouter une pincée d'échalotes. Égoutter le tout et concasser grossièrement.

• Ajouter une cuillère à café de moutarde de Dijon et un 1/2 cornichon haché puis des herbes fraîches, du cerfeuil, de la ciboulette, du persil plat et de l'estragon. Assaisonner le tout.

• Tartiner le pain et déguster tiède accompagné d'un verre de Bourgogne rouge.

L'artisan boulanger recommandé

Boulangerie La Meulière
25, avenue du Général-Leclerc
71100 Chalon-sur-Saône
Tél : 03 85 42 90 90

La volaille de Bresse a droit à tous les honneurs. Lorsqu'on la croise dans un pré, elle a la démarche élégante. Lorsqu'elle trottine sur les chemins, elle a la foulée mesurée et sportive. Sa tenue blanche, sa crête rouge font que la belle peut s'enorgueillir d'être la Miss France de la basse-cour. Dans la cocotte du célèbre *Lameloise* de Chagny, elle rôtit, mélodieuse comme un chat qui ronronne. Son foie est un régal, juste poêlé sur une salade de jeunes pousses d'épinards crus ou encore escorté d'échalotes ciselées qui sont comme des cymbales dans une parade. Foie de Bresse, échalote, moutarde de Dijon, herbes du jardin, quelle main veux-tu ? Si tu perds, tu vas chez McDo, si tu gagnes, tu entres en cuisine, tu liches un coup de chablis frais pour te préparer le bec et tu attends le cul sur la chaise cette fameuse tartine. Et si je mens, je vais en enfer !

Tartine de foies blonds aux pignons de pin

de Jean-Paul Lacombe

Léon de Lyon
1, rue Pléney
69001 Lyon

Ingrédients

pain de campagne
300 g de foies de poulardes de Bresse
50 g de beurre
100 g de crème liquide
1 échalote
pignons de pin
1 cuillère à soupe de porto rouge
sel gris, poivre du moulin

- Dans une poêle, faire revenir, sans coloration, l'échalote ciselée avec le beurre.

- Ajouter les foies de poulardes de Bresse en ayant pris soin de retirer le nerf et le fiel (prendre le foie et le déchirer en 2 parties. Retirer le nerf qui relie les 2 parties. Le fiel est le fil qui recouvre le foie).

- Assaisonner de sel et de poivre du moulin. Ajouter le porto rouge.

- Faire réduire et verser la crème liquide. Laisser cuire 2 à 3 minutes.

- Faire refroidir et écraser à la fourchette pour obtenir une pâte souple.

- Débarrasser dans un saladier et mettre au réfrigérateur pendant 2 heures.

- Faire griller les deux faces de 4 tranches de pain de campagne d'1/2 cm d'épaisseur et tartiner de pâte à foies de volailles.

L'artisan boulanger recommandé

Boulangerie Pozzoli
18, rue Ferrandière
69002 Lyon
Tél : 04 78 42 66 27

BEURR
PORTO
Sel Gris
Crème
Liquide

« **Dimanche soir, on fera un apéritif musclé », cela veut dire que l'on jouera un brin les prolongations sur la terrasse. On débute l'apéro à 18 heures, pétris de bonnes résolutions : « On prend un verre et chacun rentre chez soi. » Si le maître de maison est malin, il peut garder son parterre jusqu'à point d'heure. Il lui suffit de verser le vin blanc généreusement dans les verres et de laisser le vin agir. Un joli mâcon blanc à 18 heures vous colle sur-le-champ un appétit d'enfer. Là, vous sortez avec flegme cette « pâte » de foies de volailles du réfrigérateur et vous proposez quelques toasts. L'effet est immédiat et votre cote grimpe dans les sondages du dimanche soir. Jean-Paul Lacombe est « très famille ». Entouré des siens, il connaît cette ruse pour tordre le cou à ces mauvaises habitudes de rentrer tôt chez soi, le dimanche soir, sous prétexte que le lundi matin est un mauvais coucheur. Profitez mes enfants de la tonnelle, suivez les petits pignons de pin déposés sur la tartine par le bon Lacombe, ils vous mèneront à la maison après l'heure du mâcon frais, à l'heure où les bouchons s'estompent, à l'heure où le dernier saint-véran vous dit « va-t'en ! ».**

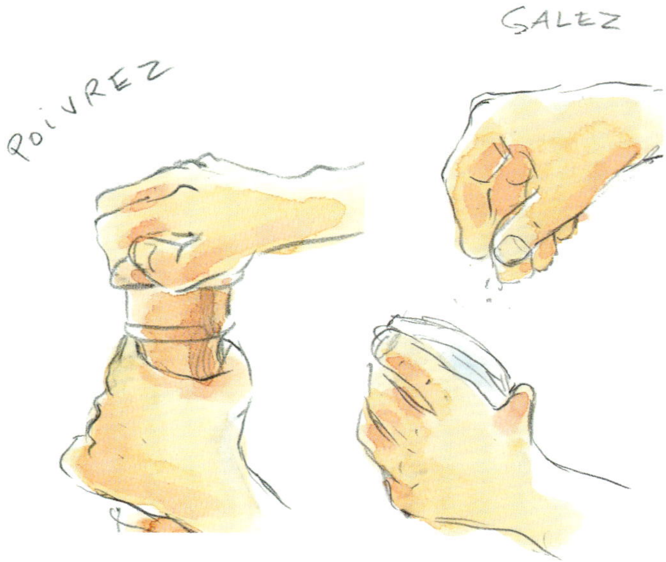

• Parsemer de quelques pignons de pin légèrement grillés au four. Assaisonner de poivre du moulin et parsemer de sel gris.

• Je vous conseille de prendre des foies blonds de poulardes de Bresse car ils ont une saveur et une texture plus agréables.

• Cette tartine de foies de volaille peut se servir en apéritif pour accompagner un vin du maconnais comme un saint-véran.

• Mis en saladier sur un buffet d'été, vous pouvez l'utiliser comme une tapenade.

Tartine de foie de porc

de Marc Veyrat

Auberge de l'Éridan
13, Vieille route des Pensières
74290 Veyrier-du-Lac

Ingrédients

2 belles tranches de pain de campagne
4 tranches de jambon fumé de Savoie
50 g de foie de porc
35 g de crème liquide
25 g de beurre mou
un peu de sucre
sel, poivre du moulin

- Couper le foie de porc en morceaux. Le faire sauter légèrement dans une poêle à revêtement anti-adhésif, à sec.

- Le passer au mixeur avec le beurre, la crème, du sel et du poivre afin d'obtenir un mélange homogène.

- Faire griller la tranche de pain de campagne. La beurrer avec l'appareil foie de porc.

- Recouvrir d'une tranche de jambon fumé et déguster.

- « Cette tartine fait partie de la tradition savoyarde lorsque l'on tuait le cochon à la ferme. »

L'artisan boulanger recommandé

Boulangerie Neveu
6, rue du Pré-Avril
74940 Annecy-le-Vieux
Tél : 04 50 23 25 03

Par monts et par vaux, Marc Veyrat promène son grand chapeau noir. De ferme en bergerie, il se nourrit d'histoires locales qui lui servent à tourner sa cuisine. De gentiane en fleur de pissenlit, il remplit sa hotte pour que chaque jour, à sa table, ce soit Noël. Marc Veyrat est un « p'tit gars » échappé de la montagne avec, pour seul bagage, ses belles traditions. Il est recherché par tous les fins gourmets, l'Interpol de la fourchette est sur le coup. Buvons un coup de chignin au cul de la bétaillère qui mène le cochon à l'assiette. Foi de Veyrat, on mangera bien ce soir. Il était une fois un bon cochon qui fit don de son foie à la poêle de Veyrat. Approchez jolis porcelets, Marco vous régale aujourd'hui comme on sait le faire à Manigod.

Ma tartine

de Dominique Toulousy

Les Jardins de l'Opéra
1, place du Capitole
31000 Toulouse

Ingrédients

1 belle tranche de pain de campagne au levain
2 foies de volailles bien gras et blonds
3 gouttes d'armagnac
1 échalote grise
20 g de moelle de bœuf
1 cuillère de persil haché
1 queue de cèpe (ou la tête, c'est encore mieux)
huile d'olive
sel, poivre du moulin

- Dans une casserole, faire fondre la moelle de bœuf.

- Ajouter l'échalote ciselée et les foies de volailles. Laisser suer.

- Ajouter le persil haché et l'armagnac.
Laisser cuire 1 minute puis hacher grossièrement au couteau.

- Étaler en couche épaisse sur la tranche de pain.

- Émincer la queue ou la tête de cèpe, poser sur la farce.

- Saler, poivrer, badigeonner d'huile d'olive et passer 3 minutes au gril.

L'artisan boulanger recommandé

Au pain Gouin
78, route de Castres
31130 Balma
Tél : 05 61 36 50 60

S'appeler Toulousy et habiter Toulouse, est-ce pur hasard ? Je ne le crois pas, car l'homme semble avoir été élevé au cassoulet et au canard gras. Il est beau, Toulousy, debout sur la place du Capitole. Dans la lumière rose du soir, il chante sa tartine pour attirer ses copains. Et voici l'échalote ciselée qui sue auprès des foies de volaille, et voici l'armagnac qui flambe comme un rocker en blouson noir. Toulousy fait valser ce petit monde sur la place du Capitole, il distribue ses bouchées comme des grains de riz sur le carreau. Ils sont tous là, Nougaro, Papagéno, chacun veut se gaver de ces parfums subtils, de cet air venu des forêts du Lauragais qui sent le cèpe, l'ail et le persil. Oh Toulouse ! Oh Touloouse ! ! !

Farci charentais sur pain croustillant

de Richard Coutanceau

Richard Coutanceau
Plage de la Concurrence
17000 La Rochelle

Ingrédients

pain de campagne
20 g de poitrine fumée
200 g de poitrine de porc fraîche
200 g de blanc de poireaux
1 oignon
10 g de persil plat
1 laitue
200 g d'épinards
200 g de blettes
20 g de chou
1 œuf
20 g de crème liquide
noix muscade
sel, poivre du moulin

L'artisan boulanger recommandé

Chez Paillat
170, avenue Carnot
17000 La Rochelle
Tél : 05 46 42 12 51

Sur la plage de la Concurrence, Coutanceau est le seul à tourner la cuisine charentaise comme il le fait. Fils de pêcheur, il connaît la langoustine par cœur. Secret comme une huître, il ne se confie pas facilement. Son assiette parle pour lui, elle raconte les marées, les filets et les criées. Coutanceau remaille sa cuisine, chaque jour, avec la précision d'un marin rentré au port. Son assiette est en tenue de gala avec nœud papillon et queue-de-pie. Lorsque la mer se retire pour réfléchir, Richard Cœur de Lion se tourne vers la terre, celle qui sent le cognac, celle qui se raconte à petits pas, comme aimait la décrire le poète Chardonne. En été, le soleil en Charente ne supporte pas l'ombre, c'est donc derrière des volets mi-clos qu'à la fraîche Richard de La Rochelle construit le fameux farci charentais. C'est sa mère, divine cuisinière, qui lui a donné ses gestes pour le réussir. Richard le secret les répète, un tablier de ménagère devant lui, à l'abri des regards. Ce farci est un bout de sa mémoire, qu'il dépoussière en famille un peu comme on s'applique à faire les cuivres au début des vacances.

- Plonger quelques minutes dans l'eau bouillante la laitue, les épinards, les feuilles de blettes, le chou, et refroidir à l'eau glacée.

- Bien égoutter tous ces légumes pour enlever le maximum d'eau.

- Couper la poitrine en dés de 1 cm et les faire revenir doucement.

- Mettre ensuite la poitrine fumée finement hachée. Ajouter les blancs de poireaux ciselés ainsi que l'oignon.

- Cuire le tout jusqu'à évaporation de l'eau. Ajouter le persil plat et tous les légumes blanchis.

- Assaisonner le tout, retirer du feu et ajouter l'œuf battu.

- Mettre dans un plat en fonte et cuire au four 30 minutes à 180°.

- Laisser passer une nuit au réfrigérateur.

Grosse tartine de haricots écrasés

de Jean Bardet

Jean Bardet
57, rue Groison
37100 Tours

Ingrédients

pain de campagne
1 grosse poignée de haricots Michelet ou coco de Paimpol
graisse de canard
beurre
huile de noix
gros sel, poivre concassé

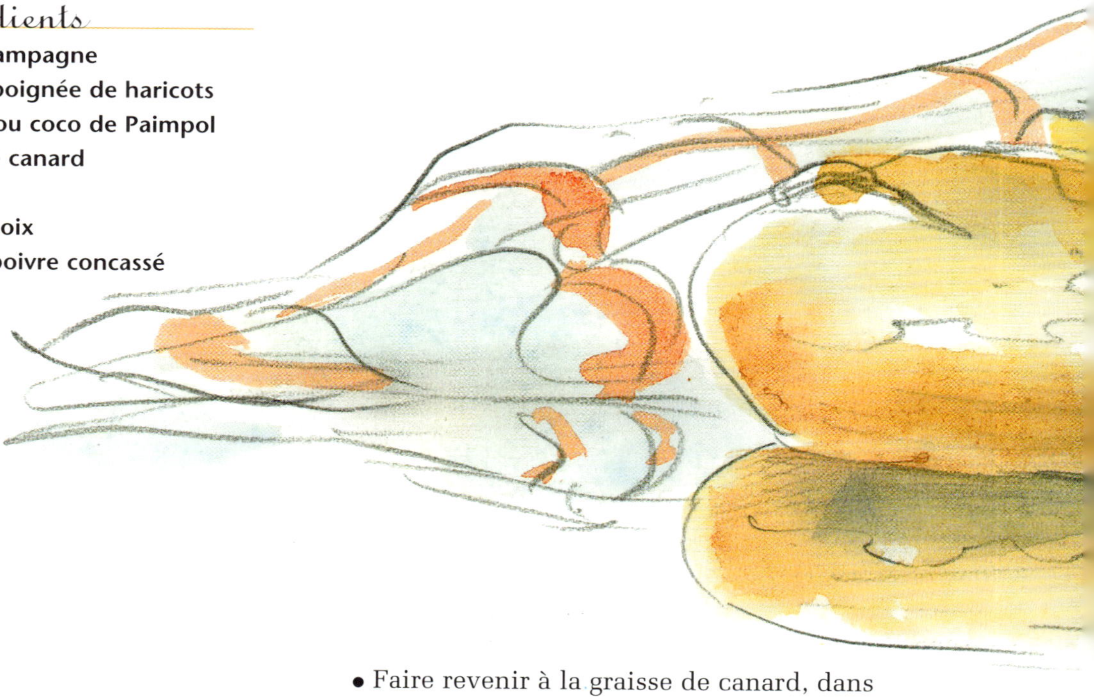

- Faire revenir à la graisse de canard, dans un faitout, des haricots Michelet ou coco de Paimpol, les couvrir d'eau (3 cm au-dessus des haricots) et laisser cuire doucement, environ 1 heure, avec un couvercle.

- Attention, ne rien mettre d'autre, ni carotte, ni oignon, ni cet incontournable bouquet garni.

- Aux trois quarts de la cuisson, ajouter alors un gros morceau de beurre, du gros sel et laisser la cuisson se terminer gentiment.

L'artisan boulanger recommandé

Au vieux four
Jacques Mahou
7, place des Petites-Boucheries
37000 Tours
Tél : 02 47 66 62 33

COCO
DE
PAIMPOL
GRAISSE
DE CANARD
DE NOIX
LE BLANC

Bardet la beauté, Bardet le clairon, Bardet le copain, Bardet l'élégance, Bardet beau parleur, Bardet cigare, Bardet est le cuisinier que l'on va voir comme un oncle ou un cousin. Bardet est canaille, il ressemble à ces grand-mères qui ont le sac rempli de bonbons ou le placard plein de gâteaux secs. Bardet est gourmand comme un chat. Bardet est généreux comme un moine au ventre rond qui sort de sa poche un vin de messe ou une liqueur. Bardet a un turbo accroché au cœur. Il croque la vie pour mieux l'offrir aux autres. Il roule sur la file de gauche et vit à pleins poumons. Être à côté de lui vous expédie illico en récréation. Avant la partie de pêche, il remplit sa traction Citroën de vins de soif, ou vins de copains comme il dit. Il trousse cette grosse tartine de haricots écrasés avec largesse et bonhomie. Alignées dans un panier de jardin, les tartines savent bien que la gueule des amis de Jean est bien faite. Le long de la Loire, la traction file sur un air d'accordéon, le chien fidèle occupe le siège du copilote, les bouteilles de bourgueil sont aussi mélodieuses qu'une partition jouée par Lionel Hampton. Bardet a le bras à la portière, il fait beau, son téléphone portable est débranché pour la journée.

- Les haricots doivent être souples avec leur bon goût et le jus légèrement lié.

- Verser de la graisse de canard dans une poêle. Lorsqu'elle est chaude, faire dorer sur ses deux faces une belle tranche de pain de campagne épaisse de 1,5 cm.

- Écraser à moitié les haricots à la fourchette dans une assiette creuse et en étaler 1 bon centimètre sur la tranche de pain croustillante à l'extérieur et moelleuse à l'intérieur.

- Ajouter un filet d'huile de noix et quelques grains de poivre concassés.

- Un peu de vin frais de la France peinarde, du bourgueil en l'occurrence, et la vie vous sourit !

- La belle se mange quand on en a envie...

Tartine en Grassoise d'olives

de Jacques Chibois

La Bastide Saint-Antoine
48, avenue Henri-Dunant
06130 Grasse

Ingrédients

pour 2 personnes :
4 tranches moyennes de pain de campagne d'1 cm à 1,5 cm d'épaisseur
200 g de dés de tomates (soit des tomates épluchées et vidées de leurs pépins, coupées en dés de 1 cm sur 1 cm)
50 g d'olives noires hachées
1 œuf dur (coupé en petits dés à l'aide d'un coupe-œufs à lamelles)
2 cuillères à soupe d'huile d'olive
10 feuilles de basilic coupées extrêmement fines et légèrement hachées
12 copeaux de parmesan (que l'on confectionne avec un couteau économe en raclant le fromage)
1 cuillère à soupe de graines de sésame que l'on aura juste fait blondir dans une petite casserole
sel, poivre du moulin

- Arroser légèrement d'huile d'olive les tranches de pain et les toaster.

- Mélanger tous les ingrédients sauf les copeaux de parmesan, vérifier l'assaisonnement, disposer le mélange à l'aide d'une cuillère à soupe sur les tranches de pain grillées.

• Donner un petit tour de moulin à poivre dessus et disposer en folie les copeaux de parmesan.

• Cette tartine peut être dégustée froide ou être passée sous le gril et colorée très légèrement.

Enivré par les parfums de Grasse, Jacques Chibois mélange avec fantaisie tout ce que la terre lui offre. La tartine en « Grassoise » d'olives a été inventée au petit jour avant le départ pour le marché. Assis sur une marche, les oliviers, la lavande et les lauriers sous le nez, Jacques a capturé toutes ces saveurs passagères avec son filet à papillons, il les a glissées dans son garde-manger pour qu'elles s'apprivoisent et se connaissent. De retour du marché, elles faisaient une ronde et chantaient à tue-tête. Il ne lui a fallu qu'un peu d'huile d'olive pour accorder le tout et, croyez-moi, ça « sonne juste », comme disent les musiciens.

Tartine de l'amour

de Bernard Guilhaudin

La Tour d'argent
15 et 17, quai de la Tournelle
75005 Paris

Ingrédients

pain de campagne
2 tomates
2 échalotes
ail
gingembre
huile d'olive
vinaigre balsamique
parmesan

L'artisan boulanger recommandé

Boulangerie Kayser
8, rue Monge
75005 Paris
Tél : 01 44 07 01 42

- Faire suer à l'huile d'olive des échalotes hachées et une pointe d'ail. Ajouter des tomates concassées, 1 cuillère de gingembre râpé et 1 cuillère de vinaigre balsamique.

- Laisser cuire doucement jusqu'à une consistance onctueuse.

- Étaler sur une tranche de pain de campagne toasté d'un seul côté. Parsemer de copeaux de parmesan.

- « Cette tartine peut se déguster à toute heure du jour ou de la nuit. »

Combien de « Oui je t'aime », combien de « Oui je t'épouse » ont-ils été prononcés à *La Tour d'argent* ? Le plus joli restaurant de Paris est le berceau des cœurs. Au-dessus des toits avec la Seine pour témoin, les amoureux se bécotent entre le champagne et le fameux canard. Pas étonnant que Bernard Guilhaudin prépare la tartine de l'amour. Les tourtereaux maquillés de belles promesses, repus de jolis plats, reprennent l'ascenseur qui les remet dans la vie de tous les jours. Sur le pavé du quai de la Tournelle, ils sortent de leur poche la fameuse bague identifiant le canard de la Tour. La tête posée sur l'épaule de son amoureux, elle glisse cette bague à son doigt pour rire, rien que pour rire. Alain, directeur-maître d'hôtel, jette devant eux des pétales de rose. Depuis le ciel, Bernard Guilhaudin laisse s'envoler la recette de la tartine de l'amour qui se pose comme un papillon sous l'essuie-glace de la voiture…

Gouttaron de seigle des jasseries aux potimarrons

de Gilles Étéocle

Hostellerie La Poularde
Route de Saint-Étienne
42210 Montrond-les-Bains

Ingrédients

pain de seigle
châtaignes

Confiture de potimarrons :
1 kg de chair de potimarrons
1 kg de sucre
20 g de zestes d'oranges
et de citrons

L'artisan boulanger recommandé

Boulangerie Gilbert Court
16, rue de Lyon
42210 Montrond-les-Bains
Tél : 04 77 54 45 06

La cloche a sonné le retour de septembre. À nous les noisettes, les noix, les mûres et les châtaignes. Les pommes de terre sont au cellier couchées sur un lit de paille. Les confitures dorment sous la cire. Viens donc, mon bel hiver, frotter tes ailes à mon garde-manger, on t'attend ! Ce matin, on est partis chasser le perdreau, le lièvre et le garenne. Avant de glisser dans la gibecière les bêtes à poil et à plume, on a couché une bonne bouteille de côtes-du-forez et un jambonneau pour la pause de 10 heures. Le casse-croûte répare toujours le désespoir du chasseur maladroit. On a tiré tous les coups permis par notre cartouchière tout en restant bredouille, on a bu tous les coups tenus dans notre bouteille en devenant petit à petit moelleux et rêveurs. L'après-midi nous embrasse pour laisser place à la soirée. Fatigués, le sabot lourd, le mollet douloureux, on rejoint la Jasserie de Gilles Etéocle. Les fusils maladroits sont rangés dans l'armoire de chasse. Gilles troque le chapeau à plume pour la toque blanche. On allume le feu, le citron, l'orange réveillent nos sens, le potimarron danse dans l'eau de la marmite. On descend à la cave pour choisir le divin nectar qui nous fera oublier notre infortune. On remonte des bouteilles, des truffes, des œufs, des patates, un gaperon, des confitures, c'est à ce prix que l'on soigne son moral de chasseur humilié !

- Tailler en cubes la chair des potimarrons.

- La blanchir pendant environ 45 minutes à feu doux, pour obtenir des potimarrons confits et non écrasés.

- Ajouter le sucre et les zestes d'oranges et de citrons.

- « Cette tranche de pain de seigle grillée tartinée de confiture de potimarrons se déguste au coin de l'âtre avec des châtaignes grillées au feu de bois. C'est la tartine idéale pour se réchauffer après une randonnée dans le Pilat, de retour à la Jasserie. »

Tartine à l'huile d'olive et aux légumes croquants

de Christian Willer

Restaurant La Palme d'Or, Hôtel Martinez
73, La Croisette
06400 Cannes

Ingrédients

pain de campagne
huile d'olive
1 gousse d'ail
6 cosses de févettes
4 artichauts tendres à la barigoule
vinaigre balsamique
basilic
2-3 anchois
parmesan

- Mettre l'huile d'olive à congeler pour obtenir la consistance du beurre.

- Griller une tranche épaisse de pain de campagne. Laisser refroidir. La frotter à l'ail.

- Tartiner rapidement avec l'huile en pommade.

- Couvrir avec les févettes et une râpée d'artichauts à la barigoule. Arroser de quelques gouttes de vinaigre balsamique.

L'artisan boulanger recommandé

Boulangerie Maison Merle
rue Grande
06560 Valbonne
Tél : 04 93 12 02 09

• Saupoudrer de basilic, d'anchois hachés et de copeaux de parmesan.

• « Croquer à pleines dents. »

Imaginez la rigueur et la précision d'un Alsacien au service d'un marché provençal. Christian Willer est né au pays des cigognes et travaille sur la Côte d'Azur. On le croise sur le joli marché de Forville à Cannes. Aimanté par les couleurs, la fraîcheur des produits, il dessine dans sa tête ce que sera sa tartine. En cuisine, il débute la construction de l'édifice. Tout va vite. Et vas-y que je sors un artichaut de ma poche, cric crac croc, le voilà épluché, tranché, disposé ! Et vas-y que je sors les anchois d'un foulard ou d'un chapeau, cric crac croc, les voilà hachés menu menu ! Il jongle au milieu de la piste, il brouille les cartes pour mieux retrouver ses repères, il se cache, il se marre, il bavarde pour distraire celui qui veut noter la recette. Cric crac croc, dedans à pleines dents, comme il dit !

Tartine de chou-fleur aux noisettes

de Rémy Giraud

Domaine des Hauts-de-Loire
Route d'Herbault
41150 Onzain-en-Touraine

Ingrédients

1 baguette
1/4 de chou-fleur
37 g de beurre
10 noisettes grillées et concassées
1 cuillère à café de ciboulette ciselée
1/2 cuillère de crème fraîche
beurre
sel, poivre du moulin

L'artisan boulanger recommandé

Jean-Paul Marchau
147 bis, avenue Maunoury
41000 Blois
Tél : 02 54 78 27 78

- Cuire le chou-fleur à l'eau bouillante salée. Mixer et égoutter une nuit sur tamis ou mousseline.

- Le lendemain, chauffer le beurre pour qu'il devienne couleur noisette (attention à ne pas le faire noircir), verser la purée de chou-fleur sur ce beurre noisette.
  Il est important que la purée soit à température ambiante afin d'éviter que le beurre « granule ».

- Assaisonner et ajouter la ciboulette, la crème et les noisettes.

- Tartiner sur de fines tranches de baguette largement beurrées et dorées au four (doux).

Il paraît que les enfants naissent dans les choux ou dans les roses, du moins c'est ce que croit Rémy Giraud. Difficile de cuisiner une fleur, alors le chef s'est tourné vers le chou avant de courir à la maternité pour conter la bonne nouvelle. Il a cueilli le plus joli chou-fleur, celui qui est au centre du champ. Il est allé au petit jour pour le choisir, à l'heure où la rosée perle sur les feuilles. Capturé, glissé sous son bras, il l'a baptisé Adoré. Il l'a présenté en cuisine. La ciboulette, la crème, le poivre du moulin lui ont fait une place à table. Rémy Giraud a commencé la première leçon. Répétez après moi : « Mixer, égoutter une nuit sur tamis ou mousseline. » Le bon chou Adoré se glissait dans la recette avec délectation. La spatule le massait, le rendait onctueux. Le beurre faisait reluire sa peau, la ciboulette l'habillait de vert et les noisettes concassées ponctuaient son visage comme des taches de rousseur. Quelques fines tranches de baguette dorées au four, moelleuses comme un chat angora, et la tartine est prête pour le voyage vers la maternité où elle fera connaissance de la bouche et de l'estomac, ses parents adoptifs qui lui ont préparé des berceuses gourmandes qui se chantent uniquement à l'heure de l'apéritif.

Tartine du berger basque

de Firmin Arrambide

Les Pyrénées
19, place du Général-de-Gaulle
64220 Saint-Jean-Pied-de-Port

Ingrédients

2 tranches de pain de campagne
1 tranche de jambon de campagne (Bayonne si possible)
1 tranche de fromage de brebis (basque si possible)
1 poivron rouge
1/4 de tomate
2,5 cl d'huile d'olive extra
1/2 gousse d'ail
piment d'Espelette concassé ou poivre du moulin

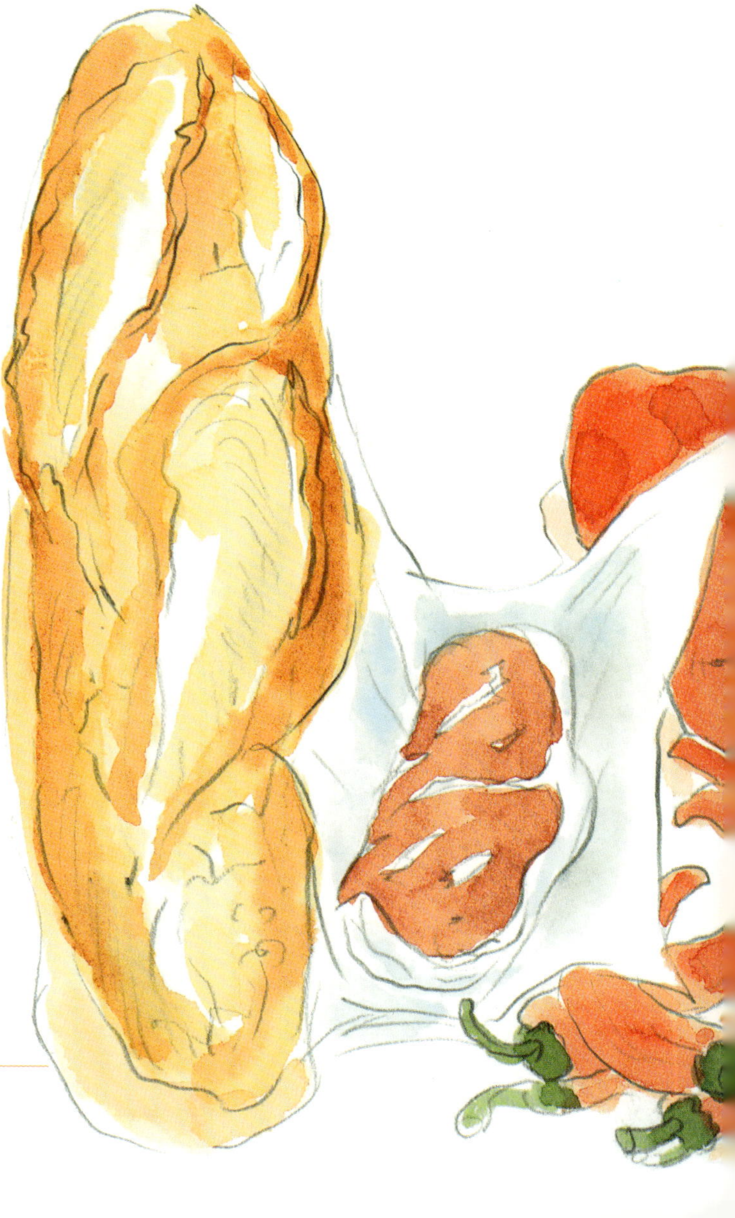

L'artisan boulanger recommandé

Jean-Luc Poujauran
20, rue Jean-Nicot
75007 Paris
Tél : 01 47 05 80 88

• Griller les tranches de pain de campagne, les frotter à l'ail et à la tomate.

• Arroser d'huile d'olive.

• Couper les tranches de jambon, le fromage de brebis et le poivron rouge en lanières d'un 1/2 cm de largeur.

• Les disposer harmonieusement sur les tartines.

• En été, vous pouvez manger ces tartines froides, arrosées d'un léger trait d'huile d'olive, ciboulette hachée et piment d'Espelette.

• En hiver, vous pouvez les arroser d'un léger trait d'huile d'olive.

• Passer sous le gril pour chauffer le jambon, le poivron et le fromage.

• Ajouter une bonne pincée de piment d'Espelette (ou poivre du moulin).

Au Pays basque, on chante avant de parler, on embrasse avant de serrer la main. Au Pays basque, le casse-croûte est à la journée ce que la messe est au dimanche. Pas de conversation sans jambon et sans piment. La tartine de Firmin est une vraie carte postale de sa région, rien ne manque, elle est comme une bafouille estivale expédiée aux copains restés au boulot. Soleil, sable fin et jolies filles sont les ingrédients du bonheur.

Tartine gourmande au bibeleskäss et griewe

de Michel Husser

Le Cerf
30, rue du Général-de-Gaulle
67520 Marlenheim

Ingrédients

1 pain aux pommes de terre et gros sel
quelques grattons de porc
fromage blanc
ail
2 oignons blancs
ciboulette, persil, cerfeuil
noix muscade
sel, poivre du moulin

Les artisans boulangers recommandés

Boulangerie Bechler
4, rue Charles-Marie-Widor
68000 Colmar
Tél : 03 89 41 07 34

Boulangerie Claude
36, rue du Général-de-Gaulle
67520 Marlenheim
Tél : 03 88 87 71 57

Boulangerie Dorffer
7, rue Raymond-Poincaré
67240 Bischwiller
Tél : 03 88 63 24 45

- Assaisonner le fromage blanc avec l'ail, les oignons, la ciboulette, le persil, le cerfeuil haché, le sel, le poivre du moulin et la muscade râpée.

- Étaler sur le pain aux pommes de terre et gros sel.

- Faire griller et croustiller des grattons de porc.

- Parsemer le bibeleskäss avec les grattons chauds.

- Déguster avec un pinot blanc Fend 1996.

Le bibeleskäss est à l'Alsace ce que la cervelle de canut est à Lyon : un fromage blanc rehaussé de ciboulette, sel, poivre, etc. Michel Husser est un aubergiste de bord de route, il attend le gourmand assis sur sa borne kilométrique rouge et blanc. À la sortie du virage, à l'entrée du village, dès que l'on aperçoit sa toque blanche, les automobilistes freinent et prétextent une surchauffe du moteur pour faire halte au pied du bon chef. Michel Husser ouvre son panier, déplie la nappe à carreaux sur le pavé, débouche le pinot blanc 1996 et commence à tartiner le bibeleskäss. Les grattons de porc se tortillent dans la poêle en fredonnant la chanson de Hansi. L'embouteillage se forme et bloque Marlenheim, c'est comme ça tous les dimanches soirs, les Strasbourgeois ne peuvent rejoindre la ville sans avoir salué et goûté la tartine de Michel, le cuisinier du bord du fossé.

Tartine à la cervelle de canut (vieille tradition lyonnaise)

de Paul Bocuse

Paul Bocuse
40, rue de la Plage
Place d'Illhaeusern
69660 Collonges-au-Mont-d'Or

Ingrédients

tartine de pain Poilâne
fromage blanc égoutté
ail
persil
estragon
cerfeuil
vinaigre de vin
huile d'olive
sel, poivre du moulin

- Hacher l'ail, le persil, l'estragon et le cerfeuil. Lier le tout avec du vinaigre de vin et de l'huile d'olive. Saler, poivrer.

- Bien malaxer le fromage blanc avec cette vinaigrette.

- Étaler sur la tartine de pain légèrement grillée et chaude.

L'artisan boulanger recommandé

Boulangerie de l'Île Barbe
Philippe Jocteur
5, place Henri-Barbusse
69009 Lyon
Tél : 04 78 83 98 35

Paul Bocuse entre dans la vie de chaque cuisinier sans frapper. À chaque bruit de couverts ou de casserole, Monsieur Paul apparaît. Combien de volailles rôties, combien de filets de bœuf en croûte sont cuisinés en pensant au maître de Collonges ? Même les amateurs tournent autour du Seigneur Paul pour qu'il leur donne la bénédiction avant l'élaboration de la mayonnaise ou de la béarnaise. Lorsqu'il quitte Collonges, c'est pour la pêche, la chasse ou la promenade, et bien sûr le casse-croûte qui va avec. Amateur de saucisson, d'andouillette, de saint-marcellin, il invente toujours un prétexte pour abandonner la voiture à l'ombre d'un arbre et ouvrir le panier du petit matin. Cette tartine à la cervelle de canut lui ressemble, toute simple, comme une balade dans les traboules du quartier Saint-Jean, lorsqu'il rend visite aux maraîchers, aux fleuristes avant le coup de mâcon blanc partagé avec son fils spirituel, Jean-Paul Lacombe, « le petit Léon ». N'attendez pas, courez en cuisine pour préparer cet en-cas lyonnais, Paul Bocuse guide vos gestes… Il est partout !

Tartine de fromage de chèvre et raisins noirs

d'Alain Senderens

Lucas Carton
9, place de la Madeleine
75008 Paris

Ingrédients

pain brioché
fromage de chèvre (Sainte-Maure-de-Touraine)
raisins noirs de muscat

- Couper une tranche de pain brioché dont on aura pris soin d'enlever la croûte sur les 4 côtés.

- La toaster légèrement.

- La « beurrer » de fromage de chèvre frais assez goûteux.

- Recouvrir de raisins noirs absolument coupés en 2, épépinés et posés côté plat sur le fromage.

L'artisan boulanger recommandé

Jean-Luc Poujauran
20, rue Jean-Nicot
75007 Paris
Tél : 01 47 05 80 88

Il n'y a rien de plus beau qu'un fromage de chèvre ultra-frais, à peine sorti de la faisselle, lorsqu'il pleure encore son petit lait, dans l'assiette fleurie qui le mène à la tartine. La chèvre généreuse ne se retourne même pas sur ce trophée sublime qui part pour le casse-croûte, trop occupée à brouter son herbe grasse ou à voler, au nez et à la barbichette d'Alain Senderens, quelques prunes dans la haie. Cette tartine est douce comme une fin de mois d'août. Le pain brioché parfume la cuisine, le fromage de chèvre maladroit s'écorche les genoux sur le pain toasté. Les raisins gorgés de soleil s'échappent du pressoir pour décorer, comme des boulets de canon, la tartine. Le vin qui fermente dans la cuve est un excellent guide. Fringant, bondissant, impertinent, il ressemble à Blanchette, la petite chèvre de Monsieur Senderens.

Tartine de 10 heures du fromager comtois

de Jean-Paul Jeunet

Jean-Paul Jeunet
9, rue de l'Hôtel-de-Ville
39600 Arbois

Ingrédients

1 tranche de miche de campagne (même rassise)
1 pomme de terre cuite à la peau
1 noisette de beurre
1 pincée de gros sel
1 cuillère à soupe de cancoillotte ou des lichettes de comté ou de morbier
1 pincée de ciboulette

- Passer la tranche de pain au four pendant 3 minutes.

- Au sortir du four, la tartiner avec le beurre, la saler avec le gros sel et la recouvrir de la pomme de terre tranchée fine.

- Terminer par la cuillère de cancoillotte ou à défaut en parsemant de lichettes (tranches très fines) de comté ou de morbier.

- Remettre au four pendant environ 5 minutes, thermostat 6.

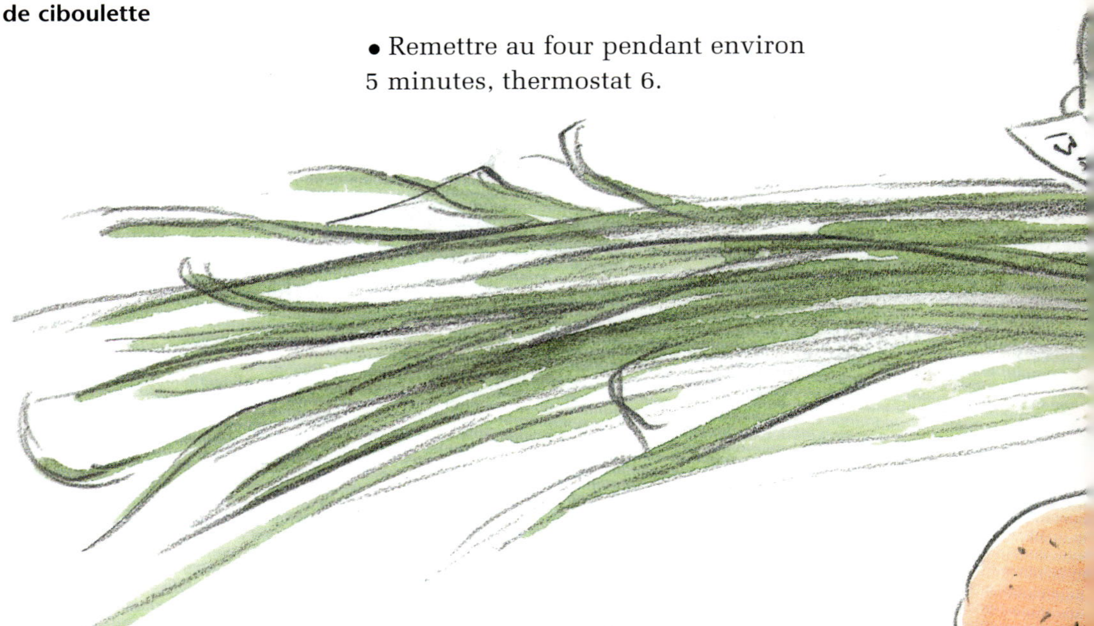

- Déguster avec un bon verre de chardonnay de Montigny de M. Puffeney.

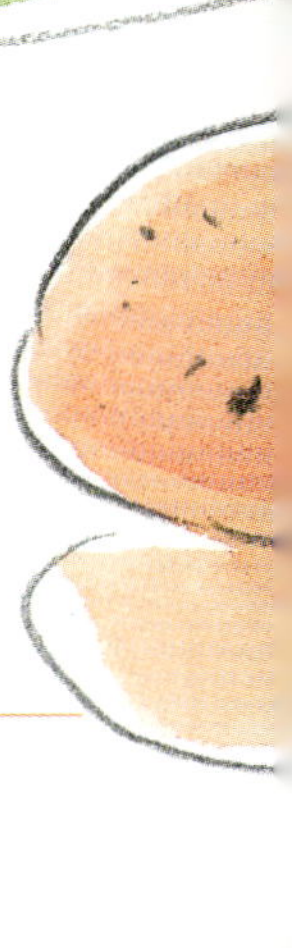

Jeunet est l'adolescent de la cuisine française. Offrez-lui, non pas un sac de billes, mais des restes de fromages comtois et le voilà qui vous les met en scène. C'est la tartine du marcheur, du randonneur. Tel un chef scout, Jeunet organise la braise pour dorer la tartine. De son sac à dos, il réveille des pommes de terre cuites à la peau qu'il effeuille sur la mie toastée, beurrée et salée. Les lichettes de comté ou de morbier servent de couverture à la belle, à moins que la fameuse cancoillotte collante et moelleuse n'emballe le tout. Sous l'effet de la chaleur, l'ensemble fusionne, se marie, communie. On chante en chœur un succès d'Hugues Aufray, puis on rentre chez soi le bec coloré et le brodequin fatigué par la randonnée.

L'artisan boulanger recommandé

M. et Mme Christian Aléonard
21, Grande-Rue
39600 Arbois
Tél : 03 84 66 04 97

Tartine au fromage « mère Ducloux »

de Jean Ducloux

Restaurant Greuze
1, rue A. Thibaudet
71700 Tournus

Ingrédients

pain
4 Sainte-Marie ou Saint-Félicien
300 g de comté ou
gruyère râpé
50 g de beurre
50 cl d'huile

L'artisan boulanger recommandé

Boulangerie de l'Ile Barbe
Philippe Jocteur
5, place Henri-Barbusse
69009 Lyon
Tél : 04 78 83 98 35

• Faire chauffer doucement le beurre et l'huile.

• Lorque c'est chaud, mélanger hors du feu les Sainte-Marie (ou Saint-Félicien) et le comté ou le gruyère râpé. Bien travailler à la spatule.

• Puis étaler sur les tranches de pain et faire griller.

• Ces tartines se mangent sur le coup de 10 heures du matin avec un verre de vin blanc.

Jean Ducloux est comme le pape de la cuisine française. Ce patriarche dynamique entretient sa jeunesse à coup de blagues, de gueulantes, de parties de belote et de fêtes foraines. Jean Ducloux est rusé, fantaisiste. Il passe ses journées à construire des manèges et des trains électriques. De retour en cuisine, le vieux briscard enfourne le pâté en croûte Alexandre Dumaine, façonne la quenelle ou poêle l'entrecôte non parée (« le goût est dans le gras, nom de Dieu ! »). Installé aux portes de Lyon, il rend hommage aux mères cuisinières à travers cette tartine « Mère Ducloux ». Haut le verre de mâcon blanc frais et vif comme l'alouette ! Profitons pour adresser un clin d'œil aux mères Brazier, Léa, Blanc et autres Paulette Castaing. Ces mères qui roucoulaient la cuisine avant de la glisser sur table. La mère Ducloux tourne à la spatule ces fromages. Lorsque le moelleux est parfait, elle l'abandonne sur le pain toasté, le petit Jean peut sauter de son manège, le quatre heures est servi.

Tartine de tomates caramélisées à la vanille

d'Alain Llorca

Restaurant Chantecler, Hôtel Négresco
37, promenade des Anglais
06000 Nice

Ingrédients

2 tranches de pain au levain ou pain de mie
3 tomates grappe
50 g de sucre semoule
1/2 gousse de vanille
25 g de beurre

• Acheter chez votre boulanger soit un pain au levain, soit un pain de mie que vous ferez trancher.

• Toaster 2 tartines.

• Enlever la peau et les pépins des tomates, les couper en quartiers.

• Prendre une poêle de dimension adéquate, faire chauffer le beurre. Ajouter le sucre. Faire légèrement caraméliser.

• Disposer les quartiers de tomates dans la poêle.

• Mettre au gril quelques minutes avec la demi-gousse de vanille préalablement ouverte en deux et égrainée.

• Disposer harmonieusement les tomates légèrement caramélisées sur le pain au levain ou le pain de mie toasté.

• Faire réduire le jus de cuisson et napper chaque tartine de ce jus.

• Cette tartine peut être accompagnée d'une glace à la vanille.

Le cœur de Llorca, le poète, se balance entre la promenade des Anglais, l'Italie et l'Espagne, ce splendide berceau de la cuisine colorée et goûteuse. Tout ce qu'il sait, tout ce qu'il fait était déjà glissé dans son biberon. Sainte Mère Llorca, que vous soyez ici bénie ! Lorsqu'un bambin apprend à marcher avec une spatule à la main, il ne peut que passer sa vie dans les casseroles et les cocottes. C'est en septembre qu'il faut goûter cette tartine qui sent le cartable neuf et les bonnes résolutions. La tomate a gaspillé toute son énergie durant l'été, sous le soleil et les cris des enfants qui jouent. En septembre, la tomate déplie son plaid sur ses genoux et s'assied dans le fond du jardin. À ce moment-là, la vanille va bien avec son teint, il faut la cuire avec douceur et sagesse. À 16 heures 30, tous les sucs concentrés dans la poêle font exploser de joie le bec du petit écolier tout neuf.

Tartine crème et framboises

de Guy Savoy

Guy Savoy
18, rue Troyon
75017 Paris

Ingrédients

pain de campagne
crème double
confiture de framboises avec pépins

- Faire griller une large tranche de pain de campagne.

- La couvrir sur 1,5 cm d'épaisseur de crème double.

- Sur la crème, étaler de la confiture de framboises avec pépins.

Avec cette tartine de crème et framboises, Guy Savoy court à l'essentiel et marque son plus bel essai à l'heure du goûter. Confiez-lui des ingrédients simples, beaux et frais, et vous allez voir le demi d'ouverture Savoy partir comme une fusée, slalomant entre les recettes empruntées et les cuisiniers épatés, pour aplatir là, sous les applaudissements, sur une belle tranche de pelouse, ce ballon ovale et sucré qui occupe sa vie. Savoy est joueur, gai, offensif. Il ne s'engourdit pas devant une cuisine inerte. Il boxe, rit à la vue d'une crème échappée d'un buron de montagne. Il n'en faut pas plus pour combler ce gamin, enfant prodigue de l'Isère.

L'artisan boulanger recommandé

Jean-Luc Poujauran
20, rue Jean-Nicot
75007 Paris
Tél : 01 47 05 80 88

Tartine aux pommes reinettes en crumble

de Jean-Michel Lorain

La Côte Saint-Jacques
14, faubourg de Paris
89300 Joigny

Ingrédients

2 belles tranches de pain de campagne
2 pommes reinettes
1/2 gousse de vanille
15 g de sucre
30 g de farine
15 g de beurre

- Préparer une compote de pommes. Pour cela, éplucher les pommes et les couper en gros morceaux.

- Mettre tous les morceaux dans une casserole avec 2,5 cl d'eau et la demi-gousse de vanille ouverte.

- Cuire à feu doux et si nécessaire, ajouter un peu d'eau.

- Laisser refroidir complètement.

- Mettre le beurre dans un saladier et le laisser ramollir.

L'artisan boulanger recommandé

Le pain retrouvé
Jacky Aubert
12, Grande Rue
89360 Carisey
Tél : 03 86 75 43 97

FARINE
Athletic
1KG

Un Lorain en Bourgogne a autant d'histoires à raconter qu'un Auvergnat à Paris ou qu'un Breton à Montparnasse. Jean-Michel Lorain a de beaux souvenirs d'enfance tissés entre rivière et vignoble, c'est peut-être pour cela qu'il écrit des livres de cuisine pour enfants. On l'imagine bien conviant une brochette de poussins autour du fourneau. « Aujourd'hui, tartines aux pommes reinettes en crumble. » On retrousse les manches et la séance de tripatouillage du beurre ramolli, du sucre et de la farine débute. Quel bonheur de sentir entre les petits doigts s'échapper cette pâte docile, soyeuse et soumise aux gestes maladroits. Attention, dès que la séance de tripatouillage débute, il ne faut plus se gratter l'oreille ou le bout du nez, sous peine de maquillage. Le pain toasté, la compote parfumée à la vanille et, en guise de chapeau, cette pâte qui va croustiller à la cuisson. Il n'en faut pas plus pour rendre une cour de récréation heureuse et des parents libres, libres comme le vent qui les pousse jusqu'au salon de thé où papa dévore un baba au rhum et maman, une religieuse. « Mon Dieu que les enfants sont heureux chez Jean-Michel Lorain ! », disent-ils la bouche pleine.

- Ajouter alors le sucre et la farine.
- Mélanger le tout avec les doigts.
- Toaster légèrement les tartines de pain de campagne.
- Garnir les tartines avec la compote de pommes. Lisser.
- Recouvrir avec le mélange beurre-farine-sucre.
- Cuire dans un four en position gril pendant 10 minutes.
- Manger tiède.

Tartine aux fraises
(goûter de rêve au printemps)

de Philippe Legendre

Taillevent
15, rue Lamennais
75008 Paris

Ingrédients

pain de campagne
beurre salé
fraises
sucre

- À l'aide d'une fourchette, écraser délicatement quelques fraises dans une assiette afin d'en exprimer toute la saveur.

- Tartiner d'une bonne épaisseur de beurre salé une tranche de pain de campagne et recouvrir de fraises écrasées.

- Saupoudrer de sucre semoule.

- « Je mangeais cette tartine à mon goûter, à l'âge de 8-10 ans, en rentrant de l'école, après avoir cueilli des fraises dans le jardin de mon grand-père. »

L'artisan boulanger recommandé

Philippe Gosselin
123-125, rue Saint-Honoré
75001 Paris
Tél : 01 45 08 03 59

Tout simple, tout beau, tout vrai, tout frais, ce cadeau de Philippe Legendre, tout droit sorti de ses souvenirs d'enfance. On dit que l'on ne guérit pas de son enfance, on le constate une fois de plus à la lecture de cette recette. Le bonheur tout simple de se retrouver dans le jardin et d'avoir le droit, le droit décerné par le patriarche, celui que la famille respecte et écoute, le droit de cueillir sa propre gourmandise, le droit de choisir telle ou telle fraise, de laisser aux merles ou aux hérissons les vertes ou les difformes, le droit de rentrer à la maison et, sous l'œil amoureux de l'ancêtre, d'écraser à la fourchette ces trophées gorgés de jus. Cette tartine vaut bien toutes les leçons de psychologie appliquée qui se cachent dans les livres sérieux.

Tartine grillée meringuée à la crème fraîche et gelée de groseille

de Gérald Passédat

Le Petit Nice
Corniche Kennedy
13007 Marseille

Ingrédients

pain de campagne
4 blancs d'œufs
une pincée de sel fin
250 g de sucre en morceaux
8 cl d'eau
crème double
gelée de groseille

Qui a dit que Gérald Passédat n'était pas gourmand comme un chat ? Il a de belles excuses car, depuis sa naissance, il ne vit que pour les casseroles et ce qu'il y a dedans. Papa Passédat a éduqué le palais de son bambin, quant à grand-mère Passédat, elle poussait la chansonnette au moment du dessert, face à la mer. Bercé par toutes ces bonnes ondes, le petit Gérald décida de ne plus quitter ce bain de jouvence, ouvert sur les flots bleus, grisé par le vent qui se casse les ongles sur les rochers qui bordent sa maison. Depuis sa baignoire, coiffé d'une couronne de lauriers, il dessine la tartine qu'il aime croquer à son goûter. Avouez que celle-ci, rien qu'à l'énoncé, vous excite comme un pou. Comment résister à une « tartine grillée meringuée à la

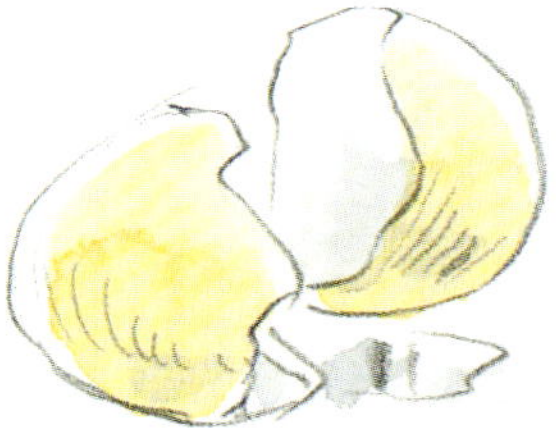

- Tailler de larges tartines dans du bon pain de campagne.

- Préparer une meringue italienne :

- Porter à ébullition le sucre et l'eau. Écumer.

- Monter les blancs avec une pincée de sel.

crème fraîche et gelée de groseille ». (Pour énoncer ce titre, il faut faire racler les R en bouche et l'effet est immédiat.) Devant un tel trophée, on noue sa serviette autour du cou, à peine le jour levé, puis l'attente insupportable commence. On a le droit, afin de mieux supporter ce supplice, de croquer un carré de chocolat ou de manger un taillon de pomme. Vers 15 heures 30, la tension monte. Les apprentis marmitons ouvrent les rideaux, une fumée blanche sort de la cheminée comme un long foulard, cela veut dire que la fameuse tartine est en route pour le trône. Sous la fenêtre d'où s'échappent les parfums les plus sucrés, les plus secrets, les pèlerins agenouillés attendent, une assiette blanche posée au- dessus de la tête.

- Lorsque le sucre a atteint une température de 110° (en filet), l'incorporer sur les blancs montés sans arrêter de fouetter (éviter de verser le sucre sur les branches du fouet).

- Réduire légèrement la vitesse du batteur puis fouetter la meringue italienne jusqu'à son complet refroidissement.

- Faire griller, presque noir, vos larges tartines.

- Tremper une face dans la crème double. Égoutter.

- À l'aide d'une spatule, étaler une fine couche de meringue de 3 mm d'épaisseur.

- Tremper une fourchette dans la crème double et disposer quelques filets dessus.

- Faire de même avec la gelée de groseille de manière à ce que le rouge des groseilles fasse un dessin asymétrique.

- Si vous êtes encore plus gourmand, vous pouvez ajouter une demi-quenelle de glace à la vanille saupoudrée de cannelle en poudre, mais seulement si vous êtes très gourmand.

- Si vos forces vous le permettent, cette tartine est un régal du matin, sinon, attendez le goûter pour peaufiner cette mini-recette.

Tartine de pain brioché aux abricots secs

de Gérard Vié

Les Trois Marches
1, boulevard de la Reine
78000 Versailles

Ingrédients

2 tranches de pain brioché grillé doré
3 abricots secs par personne
vin blanc doux (Sauternes ou Banyuls)
130 g de beurre demi-sel
1/2 cuillère de sucre glace
1,5 feuille de gélatine

- Faire mariner les abricots 12 heures dans un vin blanc doux.

- Égoutter les abricots.

- Beurrer les tranches de pain brioché, les saupoudrer de sucre glace et les faire dorer des 2 côtés simplement au beurre salé.

- Ranger les abricots sur le pain.

- On peut faire réduire le vin de macération puis ajouter 1,5 feuille de gélatine. Laisser refroidir puis ajouter sur les abricots.

- Décorer de pistaches hachées et de paillettes de chocolat. Déposer une feuille de menthe.

Gérard Vié est cuisinier à Versailles, de là à dire qu'il est le cuisinier du roi, il n'y a qu'une bouchée. En été, il n'y a pas 50 000 desserts, il y a la tarte aux abricots et la tarte aux abricots, un point c'est tout. (Je me demande si ce n'était pas le dessert préféré de Louis XIV... mais cela n'engage que moi !) Toujours est-il que voici notre cuisinier Vié qui l'interprète à sa manière. Avec ce vin blanc doux qui joue la petite musique de nuit aux abricots, on ne peut que se lécher les moustaches à l'idée de cette préparation. À la fin, comme un feu d'artifice tiré depuis la cour du château, les pépites de chocolat, les pistaches et la menthe pleuvent sur la préparation. Gérard Vié aime les fastes.

L'artisan boulanger recommandé

Boulangerie Lachaussée
22, rue Hoche
78000 Versailles
Tél : 01 39 51 18 42

Toast au pain d'épices, compote de pommes à la cannelle et gingembre confit

de Claude Peyrot

Vivarois
192, avenue Victor-Hugo
75116 Paris

Ingrédients

8 belles tranches de pain d'épices
60 g de beurre
1/2 petit bulbe de gingembre
80 g de sucre

Pour la compote :
3 pommes
1/4 de feuille de laurier
1/2 bâton de cannelle
60 g de sucre
70 g de beurre

L'artisan boulanger recommandé

Boulangerie Carton
150, avenue Victor-Hugo
75016 Paris
Tél : 01 47 04 66 55

- Toaster le pain d'épices et le beurrer.

- Faire une julienne (tailler en filaments) de gingembre confit.

- Réaliser une compote de pomme et la déposer sur les tranches de pain d'épices. Napper avec la julienne de gingembre confit.

Quand un jeune cuisinier s'emberlificote les casseroles, il consulte le bon docteur Peyrot pour retrouver son droit chemin. Claude Peyrot est un sage qui cuisine juste. Ce toast au pain d'épices est comme le souffle d'une trompette échappé d'un opéra de Verdi. « Tout est bon chez lui, il n'y a rien à jeter. » Laurier, cannelle, gingembre, l'apothicaire Peyrot organise ses saveurs comme un sorcier, un bon sorcier. Il y a quelque chose dans l'œil de ce cuisinier d'assez rare, d'assez précieux, cela s'appelle peut-être le génie.

• Les artisans boulangers recommandés par les grands chefs •

Au pain Gouin
78, route de Castres
31130 Balma
Tél : 05 61 36 50 60
Recommandé par Dominique Toulousy

Au vieux four
7, place des Petites-Boucheries
37000 Tours
Tél : 02 47 66 62 33
Recommandé par Jean Bardet

Boulangerie Aléonard Christian
21, Grande Rue
39600 Arbois
Tél : 03 84 66 04 97
Recommandé par Jean-Paul Jeunet

Boulangerie Bechler
4, rue Charles-Marie-Widor
68000 Colmar
Tél : 03 89 41 07 34
Recommandé par Michel Husser

Boulangerie Bigot François
11, rue Gustave-Flaubert
75017 Paris
Tél : 01 47 63 75 68
Recommandé par Michel Rostang

Boulangerie Bonnard
47, rue Pasteur
69300 Caluire
Tél : 04 78 08 20 13
Recommandé par Philippe Jousse

Boulangerie Boulon Gérard
6, place Docteur-Ernest-Peyron
95640 Marînes
Tél : 01 30 39 71 11
Recommandé par Gérard Cagna

Boulangerie Carton
150, avenue Victor-Hugo
75016 Paris
Tél : 01 47 04 66 55
Recommandé par Claude Peyrot

Boulangerie Claude
36, rue du Général-de-Gaulle
67520 Marlenheim
Tél : 03 88 87 71 57
Recommandé par Michel Husser

Boulangerie Court Gilbert
16, rue de Lyon
42210 Montrond-les-Bains
Tél : 04 77 54 45 06
Recommandé par Gilles Étéocle

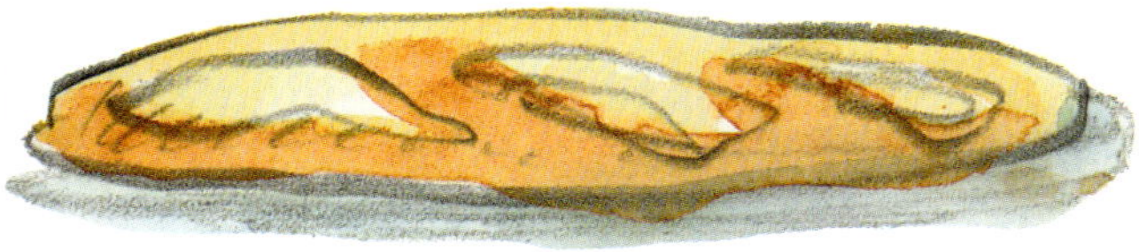

Boulangerie David Jean
Rue Entrepont
37400 Amboise
Tél : 02 47 23 25 69
Recommandé par Pascal Bouvier

Boulangerie de l'Ile Barbe
5, place Henri-Barbusse
69009 Lyon
Tél : 04 78 83 98 35
Recommandé par Paul Bocuse et Jean Ducloux

Boulangerie Départ-Allion
30, rue du Général-Leclerc
95320 Saint-Leu-La-Forêt
Tél : 01 39 60 00 18
Recommandé par Alain Passard

Boulangerie Dorffer
7, rue Raymond-Poincaré
67240 Bischwiller
Tél : 03 88 63 24 45
Recommandé par Antoine Westermann
et Michel Husser

Boulangerie Dubois Pierre
98, rue Mulsant
42300 Roanne
Tél : 04 77 71 47 51
Recommandé par Pierre et Michel Troisgros

Boulangerie du Château
52, rue du Vaugueux
14000 Caen
Tél : 02 31 93 86 72
Recommandé par Michel Bruneau

Boulangerie du musée
7, rue du musée
38200 Vienne
Tél : 04 74 85 06 26
Recommandé par Patrick Henriroux

Boulangerie Gosselin Philippe
123-125, rue Saint-Honoré
75001 Paris
Tél : 01 45 08 03 59
Recommandé par Philippe Legendre

Boulangerie Graff Thierry
21, rue du Maréchal-Lefèbvre
68970 Guémar
Tél : 03 89 71 83 60
Recommandé par Marc Haeberlin

Boulangerie Kayser
8, rue Monge
75005 Paris
Tél : 01 44 07 01 42
Recommandé par Guy Martin
et Bernard Guilhaudin

Boulangerie Lachaussée
22, rue Hoche
78000 Versailles
Tél : 01 39 51 18 42
Recommandé par Gérard Vié

Boulangerie La Meulière
25, avenue du Général-Leclerc
71100 Chalon-sur-Saône
Tél : 03 85 42 90 90
Recommandé par Jacques Lameloise

Boulangerie Lavesque
Le Bourg
24220 Meyrals
Tél : 05 53 29 24 08
Recommandé par Roland Mazère

Boulangerie Leroux Robert
9, rue Pilori
56230 Questembert
Tél : 02 97 26 11 40
Recommandé par Georges Paineau

Boulangerie Maison Merle
rue Grande
06560 Valbonne
Tél : 04 93 12 02 09
Recommandé par Christian Willer

Boulangerie Marchau Jean-Paul
147 bis, avenue Maunoury
41000 Blois
Tél : 02 54 78 27 78
Recommandé par Rémy Giraud

Boulangerie Mauzac William
60, cours Carnot
13160 Chateaurenard
Tél : 04 90 94 12 78
Recommandé par André Charial

Boulangerie Mesplède Jean-Marc
61, rue René-Vielle
40320 Eugénie-Les-Bains
Tel : 05 58 51 19 06
Recommandé par Michel Guérard

Boulangerie Neveu
6, rue du Pré-Avril
74940 Annecy-le-Vieux
Tél : 04 50 23 25 03
Recommandé par Marc Veyrat

Boulangerie Pépin Philippe
Le Bourg
14320 Clinchamps-sur-Orne
Tél : 02 31 79 82 22
Recommandé par Michel Bruneau

Boulangerie Poilâne
8, rue du Cherche-Midi
75006 Paris
Tél : 01 45 44 81 48
Recommandé par Louis Grondard
et Henri Faugeron

Boulangerie Poujauran Jean-Luc
20, rue Jean-Nicot
75007 Paris
Tél : 01 47 05 80 88
Recommandé par Jacques Cagna,
Jean-Claude Goumard, Christian Constant,
Firmin Arrambide, Guy Savoy
et Alain Senderens

Boulangerie Poulizac Jean-Louis
4, rue des Fours
21210 Saulieu
Tél : 03 80 64 18 92
Recommandé par Bernard Loiseau

Boulangerie Pozzoli
18, rue Ferrandière
69002 Lyon
Tél : 04 78 42 66 27
Recommandé par Jean-Paul Lacombe

Boulangerie Sabbia Claude
28, avenue Marcellin-Maurel
06140 Vence
Tél : 04 93 24 27 68
Recommandé par Jacques Maximin

Boulangerie Waïda et Fils
5, place Drouet-d'Erlon
51100 Reims
Tél : 03 26 47 44 49
Recommandé par Gérard Boyer

Chez Paillat
170, avenue Carnot
17000 La Rochelle
Tél : 05 46 42 12 51
Recommandé par Richard Coutanceau

Le Pain retrouvé
12, Grande-Rue
89360 Carisey
Tél : 03 86 75 43 97
Recommandé par Jean-Michel Lorain

• Le carnet d'adresses des chefs •

Firmin ARRAMBIDE
Les Pyrénées
19, place du Général-de-Gaulle
64220 Saint-Jean-Pied-de-Port
Tél. 05 59 37 01 01. Fax. 05 59 37 18 97

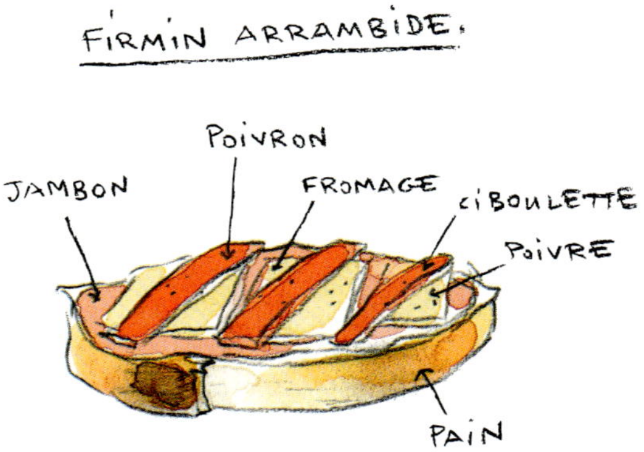

Jean BARDET
Jean Bardet
57, rue Groison
37100 Tours
Tél. 02 47 41 41 11. Fax. 02 47 51 68 72

Georges BLANC
Georges Blanc
Place du marché
01540 Vonnas
Tél. 04 74 50 90 90. Fax. 04 74 50 08 80

Paul BOCUSE
Paul Bocuse
40, rue de la Plage
Place d'Illhaeusern
69660 Collonges-au-Mont-d'Or
Tél. 04 72 42 90 90. Fax. 04 72 27 85 87

Pascal BOUVIER
Le Choiseul
36, quai Charles-Guinot
37400 Amboise
Tél. 02 47 30 45 45. Fax. 02 47 30 46 10

Gérard BOYER
Les Crayères
64, boulevard Henry-Vasnier
51100 Reims
Tél. 03 26 82 80 80. Fax. 03 26 82 65 52

Michel BRUNEAU
La Bourride
15-17, rue du Vaugueux
14000 Caen
Tél. 02 31 93 50 76. Fax. 02 31 93 29 63

Gérard CAGNA
Au Relais Sainte Jeanne
95830 Cormeilles-en-Vexin
Tél. 01 34 66 61 56. Fax. 01 34 66 40 31

Jacques CAGNA
Jacques Cagna
14, rue des Grands-Augustins
75006 Paris
Tél. 01 43 26 49 39. Fax. 01 43 54 54 48

André CHARIAL
Oustau de Baumanière
13520 Les Baux de Provence
Tél. 04 90 54 33 07. Fax. 04 90 54 40 46

Jacques CHIBOIS
La Bastide Saint-Antoine
48, avenue Henri-Dunant
06130 Grasse
Tél. 04 93 70 94 94. Fax. 04 93 70 94 95

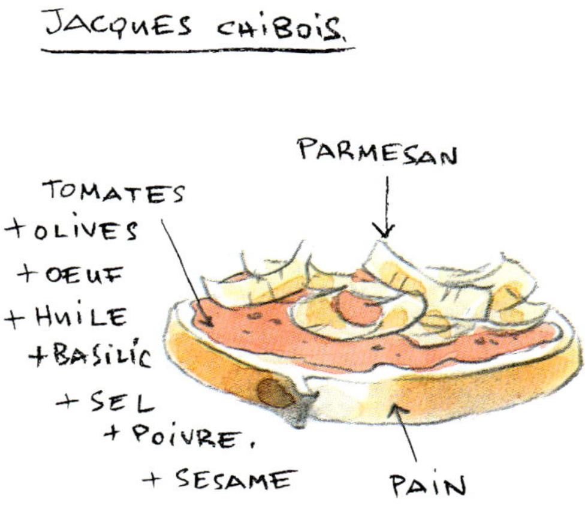

Christian CONSTANT
Le violon d'Ingres
135, rue Saint-Dominique
75007 Paris
Tél. 01 45 55 15 05. Fax 01 45 55 48 42

Richard COUTANCEAU
Richard Coutanceau
Plage de la Concurrence
17000 La Rochelle
Tél. 05 46 41 48 19. Fax. 05 46 41 99 45

Jean DUCLOUX
Restaurant Greuze
1, rue A. Thibaudet
71700 Tournus
Tél. 03 85 51 13 52. Fax. 03 85 51 75 42

Alain DUTOURNIER
Carré des Feuillants
14, rue de Castiglione
75001 Paris
Tél. 01 42 86 82 82. Fax. 01 42 86 07 71

Gilles ÉTÉOCLE
Hostellerie La Poularde
42210 Montrond-les-Bains
Tél. 04 77 54 40 06. Fax. 04 77 54 53 14

Henri FAUGERON
Faugeron
52, rue de Longchamp
75116 Paris
Tél. 01 47 04 24 53. Fax. 01 47 55 62 90

Pierre GAGNAIRE
Pierre Gagnaire
6, rue de Balzac
75008 Paris
Tél. 01 44 35 18 25. Fax. 01 44 35 18 37

Rémy GIRAUD
Domaine des Hauts-de-Loire
Route d'Herbault
41150 Onzain-en-Touraine
Tél. 02 54 20 72 57. Fax. 02 54 20 77 32

Jean-Claude GOUMARD
Goumard Prunier
9, rue Duphot
75001 Paris
Tél. 01 42 60 36 07. Fax. 01 42 60 04 54

Louis GRONDARD
Restaurant Drouant
Place Gaillon
75002 Paris
Tél. 01 42 65 15 16. Fax. 01 49 24 02 15

Michel GUÉRARD
Les Prés d'Eugénie
40320 Eugénie-les-Bains
Tél. 05 58 05 06 07. Fax. 05 58 51 10 10

Bernard GUILHAUDIN
La Tour d'Argent
15 et 17, quai de la Tournelle
75005 Paris
Tél. 01 43 54 23 31. Fax. 01 44 07 12 04

Marc HAEBERLIN
Auberge de l'Ill
68970 Illhaeusern
Tél. 03 89 71 89 00. Fax. 03 89 71 82 83

Patrick HENRIROUX
La Pyramide
14, boulevard Fernand-Point
38200 Vienne
Tél. 04 74 53 01 96. Fax. 04 74 85 69 73

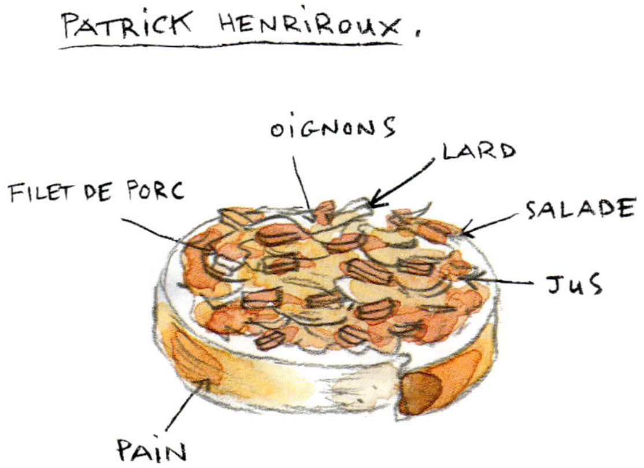

Michel HUSSER
Le Cerf
67520 Marlenheim
Tél. 03 88 87 73 73. Fax. 03 88 87 68 08

Jean-Paul JEUNET
Jean-Paul Jeunet
9, rue de l'Hôtel-de-Ville
39600 Arbois
Tél. 03 84 66 05 67. Fax. 03 84 66 24 20

Philippe JOUSSE
Alain Chapel
01390 Mionnay
Tél. 04 78 91 82 02. Fax. 04 78 91 82 37

Jean-Paul LACOMBE
Léon de Lyon
1, rue Pléney
69001 Lyon
Tél. 04 72 10 11 12. Fax. 04 72 10 11 13

Jacques LAMELOISE
Lameloise
Place d'Armes
71150 Chagny
Tél. 03 85 87 08 85. Fax. 03 85 87 03 57

Guy LEGAY
Restaurant L'Espadon, Hôtel Ritz
15, place Vendôme
75001 Paris
Tél. 01 43 16 30 80. Fax. 01 43 16 33 75

Philippe LEGENDRE
Taillevent
15, rue Lamennais
75008 Paris
Tél. 01 44 95 15 01. Fax. 01 42 25 95 18

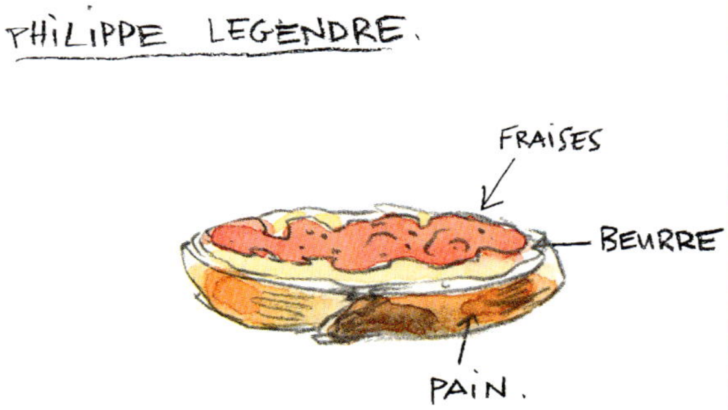

Bernard LOISEAU
La Côte d'Or
2, rue d'Argentine
21210 Saulieu
Tél. 03 80 90 53 53. Fax. 03 80 64 08 92

Jean-Michel LORAIN
La Côte Saint-Jacques
14, faubourg de Paris
89300 Joigny
Tél. 03 86 62 09 70. Fax. 03 86 91 49 70

Alain LLORCA
Restaurant Chantecler, Hôtel Négresco
37, promenade des Anglais
06000 Nice
Tél. 04 93 16 64 00. Fax. 04 93 88 35 68

Guy MARTIN
Le Grand Véfour
17, rue de Beaujolais
75001 Paris
Tél. 01 42 96 56 27. Fax. 01 42 86 80 71

Jacques MAXIMIN
Jacques Maximin
689, chemin de la Gaude
06140 Vence
Tél. 04 93 58 90 75. Fax. 04 93 58 22 86

Roland MAZERE
Le Centenaire
24620 Les Eyzies-de-Tayac
Tél. 05 53 06 68 68. Fax. 05 53 06 92 41

Marc MENEAU
L'Espérance
89450 Saint-Père-sous-Vézelay
Tél. 03 86 33 39 10. Fax. 03 86 33 26 15

Georges PAINEAU
Le Bretagne
56230 Questembert
Tél. 02 97 26 11 12. Fax. 02 97 26 12 37

Alain PASSARD
Arpège
84, rue de Varenne
75007 Paris
Tél. 01 45 51 47 33.
Fax. 01 44 18 98 39

Gérald PASSÉDAT
Le Petit Nice
13007 Marseille
Tél. 04 91 59 25 92. Fax. 04 91 59 28 08

Claude PEYROT
Vivarois
192, avenue Victor-Hugo
75116 Paris
Tél. 01 45 04 04 31. Fax. 01 45 03 09 84

Michel ROSTANG
Michel Rostang
20, rue Rennequin
75017 Paris
Tél. 01 47 63 40 77. Fax. 01 47 63 82 75

Guy SAVOY
Guy Savoy
18, rue Troyon
75017 Paris
Tél. 01 43 80 40 61. Fax. 01 46 22 43 09

Alain SENDERENS
Lucas Carton
9, place de la Madeleine
75008 Paris
Tél. 01 42 65 22 90. Fax. 01 42 65 06 23

Dominique TOULOUSY
Les Jardins de l'Opéra
1, place du Capitole
31000 Toulouse
Tél. 05 61 23 07 76. Fax. 05 61 23 63 00

Gérard VIÉ
Les Trois Marches
1, boulevard de la Reine
78000 Versailles
Tél. 01 39 50 13 21. Fax. 01 30 21 01 25

Antoine WESTERMANN
Buerehiesel
Parc de l'Orangerie
67000 Strasbourg
Tél. 03 88 45 56 65. Fax. 03 88 61 32 00

Pierre TROISGROS
Pierre et Michel Troisgros
Place Jean Troisgros
42300 Roanne
Tél. 04 77 71 66 97. Fax. 04 77 70 39 77

Marc VEYRAT
Auberge de l'Éridan
13, Vieille route des Pensières
74290 Veyrier-du-Lac
Tél. 04 50 60 24 00. Fax. 04 50 60 23 63

Christian WILLER
Restaurant la Palme d'Or,
Hôtel Martinez
73, boulevard de La Croisette
06400 Cannes
Tél. 04 92 98 74 14. Fax. 04 93 39 67 82

Crédits photographiques

P. Barret : 52. J. Brunerie : 140. C. Cres : 142. D. Deneve : 90. Fend : 118. Hoerdt : 28. D. Hudson : 48. V. Lopez : 136. B. Machet : 30. D. Maraut : 126. P. Plaut : 36. Vanderplaetsen : 80. M. Wolff : 56.

Achevé d'imprimer en octobre 1998
sur les presses de l'imprimerie Vincenzo Bona - Torino
Dépôt légal : octobre 1998
Imprimé en Italie